Ernst aus'm Weerth

Die Fälschung der Nenniger Inschriften

Ernst aus`m Weerth
Die Fälschung der Nenniger Inschriften
ISBN/EAN: 9783744607315
Hergestellt in Europa, USA, Kanada, Australien, Japan
Cover: Foto ©ninafisch / pixelio.de

Weitere Bücher finden Sie auf **www.hansebooks.com**

Die Fälschung

der

Nenniger Inschriften.

Von

Ernst aus'm Weerth.

Aus den Jahrbüchern des Vereins von Alterthumsfreunden
im Rheinlande XLIX. 1870.

Bonn
bei Adolph Marcus.
1870.

Unter den rheinischen Funden aus römischer Zeit hat in den letzten Jahren kaum ein anderer so grosse Beachtung beansprucht, als die an der obern Mosel, ungefähr 2 Stunden von der französischen Grenze und 7 Stunden von Trier gelegene Villa zu Nennig. Die Grossartigkeit ihrer Bauanlagen und ihres Mosaikbodens, sowie der Streit über die Echtheit oder Unechtheit der im Herbste 1866 ebendaselbst aufgefundenen Inschriften erregten gleichmässig die allgemeine Aufmerksamkeit.

Von der Kgl. Regierung zu Trier mit der Leitung weiterer Ausgrabungen betraut, habe ich zu Nennig im verflossenen Jahre vom 11. October bis 27. November zumeist verweilt und mich durch die Anschauung und Untersuchung der Oertlichkeit und Verhältnisse, wie durch die Einsichtnahme in die vielfach sich darbietenden Hülfsmittel in Stand gesetzt, die bisherigen Funde und Vorfallenheiten von dort einer sorgfältigen Prüfung unterziehen zu können. Im Folgenden will ich versuchen, diese in rein sachlicher Weise vorzunehmen.

Die erste Beachtung, welche Nennig von Seiten der Alterthumsfreunde geschenkt wurde, riefen zwei, nicht weit vom Moselufer neben einander errichtete, runde Grabhügel hervor, von denen der eine nunmehr ganz beigepflügt ist, der andere einen Durchmesser von nahe 136' erkennen und eine ursprünglich bedeutendere Höhe — die jetzige beträgt etwa 30' — vermuthen lässt. Letzterer wurde angeblich 1819 geöffnet und daraus sollen ein Schwert nebst einer Glasurne, die beide jetzt verschollen sind, und einige schwere, behauene Steine entnommen worden sein.

Später, im Jahre 1843, schenkte diesen Tumulus sammt einem zu ihm führenden Weg sein bisheriger Besitzer, Hr. Winckell zu Schloss Berg, der Gesellschaft für nützliche Forschungen zu Trier, die ihn in seiner Peripherie, so weit als erforderlich, untersuchen und aufdecken liess, um die nach Aussen kreisrunde, nach Innen aus kleinern vorspringenden Halbkreisen bestehende Untermauerung festzustellen [1]).

Zum zweiten Male und in weit höherm Masse zog Nennig durch die Entdeckung des dortigen, nunmehr durch die Publication unseres Vereins allgemein bekannten Mosaikbodens die Aufmerksamkeit auf sich. Die Auffindung geschah durch einen Landmann, der im Jahre 1852 beim Auswerfen einer Grube ganz zufällig auf eine musivische Fläche stiess. Dem hiervon zuerst benachrichtigten Hrn. Domcapitular v. Wilmowsky in Trier — damals Präsident der Gesellschaft für nützliche Forschungen daselbst — gebührt das Verdienst, für die sofortige Ausgrabung des ganzen Bodens und der anliegenden Mauertheile, die Erwerbung und Ueberdeckung energisch eingetreten zu sein. In literarische Kreise gelangten anfänglich nur sehr dürftige Nachrichten über den ausserordentlichen Fund, und als im Jahre 1864 nach zwölfjährigem Harren unser Verein mit einem Kostenaufwand von über 2000 Thlr. die würdige farbige Herausgabe [2]) des prachtvollen Werkes vollführte, waren ausser wenigen vorläufigen Mittheilungen in den Jahresberichten der Gesellschaft für nützliche Forschungen zu Trier [3]), der Archäologischen Zeitung [4]) und der Revue archéologique [5]) wissenschaftliche Erörterungen noch nicht erfolgt. Durch seine statutenmässig bedingte Stellung zu dem weitern Betrieb der Nenniger Ausgrabungen verpflichtet und durch seine Publication des Mosaikbodens mit der Sache vertraut, liess unser Verein nicht nach, die Kgl. Regierung

---

1) Ueber die dritte Ausgrabung des jetzt (seit 1856) der Kgl. Regierung gehörigen Grabhügels im Jahre 1866 und über seinen ursprünglichen Charakter zu handeln, sei einer fernern Gelegenheit vorbehalten.

2) Die römische Villa zu Nennig und ihr Mosaik erläutert vom Domcapitular von Wilmowsky, herausgegeben vom Vorstande des Vereins von Alterthumsfreunden im Rheinlande, mit einem Stahlstich und 8 Tafeln Farbendruck. Bonn bei A. Marcus 1865. Preis für Vereinsmitglieder 6 Thlr. Ladenpreis 10 Thlr. Zugleich ausgegeben in 2 Abtheilungen als Festschrift zur Winckelmannsfeier von 1864 und 1865.

3) Jahresbericht der Gesellschaft für nützl. Forschungen zu Trier für 1852 p. 4 ff., für 1853 p. 64 ff., für 1855 p. 59 ff.

4) Archäologische Zeitung Jahrg. 1853 p. 358; 1854 p. 429 u. 434.

5) Revue archéologique 12. An. 2. Livr. Paris 1855.

zu Trier um die Vornahme fernerer Aufdeckungen wiederholt anzugehen, damit auch das Gebäude — auf dessen Grossartigkeit der Mosaikboden einen so berechtigten Schluss gestattete — der Verschüttung entzogen werde. Auf die Empfehlung zweier achtbaren und gebildeten Männer Triers hin, engagirte hierauf die Kgl. Regierung Mitte August 1866 den damals 29 Jahre alten, aus Trier gebürtigen, von Stuttgart und Rom kommenden Bildhauer Heinrich Schaeffer, anfänglich nur für die Restauration des schadhaft gewordenen Mosaiks und dann, am 1. September zur Leitung weiterer Ausgrabungen und Nachforschungen.

Kaum war derselbe in seinen neuen Beruf eingetreten, als die verschiedensten Organe der Tagespresse sich wiederholt und in auffälliger Weise belobend mit ihm beschäftigten. Bald hiess es, Hr. Schaeffer habe bereits in Pompeji Ausgrabungen geleitet und sei daher durch seltene Erfahrungen für die Arbeiten in Nennig geeignet; bald wurde das patriotische Zeitopfer gerühmt, welches der junge Bildhauer darbringe, da er zur Ausführung der ihm für Amerika übertragenen Bildsäulen der Helden des dort eben beendeten Krieges unbedingt nach Rom zurückkehren müsse u. dergl. mehr. Die Reclame erschien so wohl organisirt, dass jeder Unbefangene sich freuen musste, einen solchen Mann an die Spitze einer belangreichen Unternehmung gestellt zu sehen und gewiss ist es diesem Motive zuzuschreiben, dass die antiquarische Gesellschaft in Luxemburg den Leiter der Nenniger Ausgrabungen zum Ehrenmitglied, die Gesellschaft für nützliche Forschungen zu Trier zum ordentlichen Mitglied ernannte und ebenso unser Verein ihn zum Beitritt einzuladen keineswegs zögerte [1]).

Zur persönlichen Reclame gesellten sich bald die Sensations-Nachrichten über die glücklichen Funde zu Nennig.

In der Augsburger Allgemeinen und in andern Zeitungen war zu lesen, dass man Mitte September auf einer Wand Malereien entdeckt und unter dem Rest eines Bildes die umrahmten Worte CÆS. TRAI. gefunden habe. Der merkwürdige Fund eines Bildes Trajans, bei welchem derselbe sich auf den Titel Cäsar beschränkte und welches also vor seinen Regierungsantritt zu setzen war, ergab schon eine beachtenswerthe Vorbereitung auf die ungesäumt Anfangs October durch

---

1) Dass Hr. Schaeffer der Einladung erst Folge geben wollte, als seine Persönlichkeit bereits in einem Lichte erschien, das seinen Eintritt unthunlich machte, ist lediglich Sache des Zufalls und ändert nichts an dem zu constatirenden guten Glauben, in dem man sich damals allgemein am Rhein befand.

alle Blätter gehenden vier schwarz gemalten Inschriften auf der roth abgefärbten Aussenwand eines Rundbaues am Ende eines Corridors, welcher Villa und Bäder verband. Diese Inschriften hatten ungefähr folgenden Inhalt: 1) Cäsar Marcus Ulpius Trajanus erbaute das Haus und schenkte es dem Präfecten der Trierer, Secundinus Securus. 2) Secundinus Aventinus wird als Prätorianischer Tribun bezeichnet und in Beziehung zu dem Bade der Villa gebracht. 3) Unter Cäsar Trajanus gründete Saccius Modestus das Amphitheater und Secundinus Securus hielt darin als Präfect von Trier in Gegenwart des Kaisers die erste Thierhetze ab. 4) Cäsar Trajanus wird in Zusammenhang mit Secundinus und Aventinus genannt.

Bald nachher — am 31. October und 1. December — wurde noch eine fünfte aus zwei Stücken bestehende, jetzt im Museum der Gesellschaft für nützliche Forschungen zu Trier aufbewahrte Steininschrift im nördlichen Flügelbau der Villa gefunden, welche besagte,

dass Cäsar Marcus Ulpius Trajanus Nerva Germanicus das Haus und Bad errichtet und dem Präfecten von Trier, Securus, geschenkt habe. Die 5 Inschriften selbst lauten[1]):

    1. CAES.M.V.TRAIANVS
       DOMVM EREX. ET SE
       CVNDINO SECVRO
       PRAEF. TREV. DON. DED

    2. — SECVNDI — —
       AVENTIN — — —
       — TRIB. PRAET. —
       — BALNE — —

    3. CAES. TRAI. AMPHITH. FVND
       ET COND. EST A S. MODE
       STO S. SEC. PRAEF. C. AVG. I
       N PRAES. C. TRAI. PRM. VEN
       AT. DED.

---

1) Beiläufig sei bemerkt, dass von den Abweichungen der verschiedenen Lesarten an dieser Stelle ganz abgesehen ist, zumal da die Inschriften als gefälschte an und für sich bedeutungslos sind.

4. — — MI — —
    CAESAR TRAIANVS
    A — M — - V - DINVS
    — — ET AVE-TI
    — — — —

5. CAES.M.V.-IERVA
   GERM.DO--ET BA
   LNEVM E - - - - -
   SECVRO - - - - -
   PRAEF.C.A- - - -
   DON - - - -

Kaum waren diese Inschriften, die in so ruhmreicher Weise den Kaiser Trajan mit Trier, dem dortigen Amphitheater, der Nenniger Villa und den bisher ganz unbekannten Personen der Igelsäule und alles unter einander verbanden, bekannt geworden, als Prof. W. Brambach zu Freiburg i. Br. sie ohne jede Einschränkung als moderne Fälschungen bezeichnete, und seiner Entrüstung darüber Ausdruck gab, dass dieselben in Trier, wo bewährte Philologen und Archäologen weilten, Glauben finden könnten [1]). Er hob die Stilwidrigkeiten, die Fehler der Titulatur und Abkürzungen, wie die chronologischen Unwahrscheinlichkeiten hervor und bewies, dass die von der Igelsäule entnommenen Personennamen nicht einmal wie dort, sondern wie in neuern fehlerhaften Abschriften geschrieben seien, schon an sich ein schlagender Beweis für die moderne Fälschung. Wahrlich die Combination erschien zu schön, um sofort glaubhaft zu sein!

Diejenigen, welche — besonders in Trier — diesem herben Angriff nicht beistimmten, waren zugleich entrüstet über die Keckheit des jungen Epigraphikers und meinten, wenn noch Th. Mommsen so gesprochen hätte, liesse man es eher gelten. Diesem Wunsche folgte die Erfüllung auf dem Fusse. Mommsen, in der Sache mit Brambach übereinstimmend, drückte seine Verurtheilung noch viel derber und bestimmter als dieser aus und verwies den Betrug vor das Forum der Polizei [2]). Wenngleich nun auch alle hervorragenden Epigraphiker und

---

1) Augsb. Allgem. Ztg. Jahrg. 1866 Nr. 284 Beil. u. Nr. 311 Beil.; Brambach, Trajan am Rhein und die Inschriftenfälschung zu Trier. Elberfeld 1866.

2) Sitzungsberichte der Berliner archäol. Gesellschaft, abgedruckt in der Kreuz-Ztg. u. Kölner Ztg. v. 15. Nov. 1866 u. in den Grenzboten. Jahrg. 1866 p. 407 ff.

Philologen, wie Ritschl, Henzen, Hübner, Jahn, Curtius, de Rossi, Becker und Renier sich theils öffentlich, theils brieflich für die unbedingte Unechtheit der Nenniger Inschriften aussprachen[1]), die Kgl. Regierung im Anschluss an diese Ueberzeugung die in Betracht kommenden Arbeiter protocollarisch vernahm und Hrn. Schaeffer aus seiner Stellung entliess, so gingen doch auch gleichzeitig von Trier vier Vertheidigungsschriften aus von den Hrn. J. Leonardy[2]), Dr. Jos. Hasenmüller[3]), und Domcapitular v. Wilmowsky[4]). Zu der Arbeit des Letztgenannten gesellte sich noch als fünfte Auslassung für die Echtheit die in holländischer und deutscher Sprache ausgegebene Entgegnung des Conservators Janssen in Leiden[5]) auf das von Hübner verfasste Gutachten der Akademie der Wissenschaften in Berlin[6]); endlich folgten Kritiken dieser Bücher und darauf bezügliche Entgegnungen[7]).

Als ich mich im verflossenen October nach Nennig begab, lag die Sache so, dass im fortdauernden Streite zwar fast alle Autoritäten in epigraphischen Dingen die Nenniger Inschriften für durchaus moderne Fälschungen erachteten, der Hauptvertreter der Vertheidigung, Hr. v. Wilmowsky, indess fortdauernd das Verlangen stellte, seinen vorgebrachten Gründen Schritt für Schritt prüfend zu folgen und sie durch Gegenbeweise zu entkräften. Die Achtung vor dem Eifer und der Hingebung dieses Mannes an die Denkmäler der Trier'schen Vorzeit, reifte in mir den Entschluss, mit der grössten Unbefangenheit sei-

---

1) Es scheint überflüssig, diesen wenigen Worten der Orientirung eine Registrirung aller Auslassungen in der Nenniger Angelegenheit beizufügen; die meisten finden sich zudem in den nachgenannten Schriften verzeichnet.

2) J. Leonardy, die angeblichen Trierischen Inschriftenfälschungen älterer und neuerer Zeit (Beilage zum Jahresbericht der Gesellschaft für nützliche Forschungen zu Trier für 1863 u. 1864).

J. Leonardy, die Secundinier und die Echtheit der Nenniger Inschriften. Trier 1867.

3) Dr. J. Hasenmüller, die Nenniger Inschriften, keine Fälschung. Trier 1867.

4) v. Wilmowsky, die römische Villa zu Nennig. Ihre Inschriften. Trier 1868.

5) Monatsberichte der Akademie der Wissenschaften zu Berlin. 1867 p. 62 ff.

6) L. J. Janssen, Bedenken über die in der Berliner Akademie der Wissenschaften gegen die Echtheit der Römischen Inschriften zu Nennig vorgetragene paläographische Kritik. Uebersetzt aus den Verslagen en Mededulingen der Koninklijke Akademie van Wetenschappen, Afdeeling Letterkunde, te Amsterdam 1868. Trier 1868.

7) Bonn. Jahrb. d. V. v. A. XLVI p. 81 u. p. 166; XLVII p. 185 ff.

nem Verlangen zu entsprechen und desshalb vor jeglicher Untersuchung erst die umgebenden Verhältnisse und Momente auf mich unbeeinträchtigt wirken zu lassen. In diesem Entschlusse unterstützten mich auch durchaus die Umstände. Während mir nämlich auf der einen Seite die vorerwähnten Entgegnungen der Hrn. v. Wilmowsky, Hübner und Nissen in meiner Eigenschaft als Vereins-Secretär zur Correctur vorlagen, gesellten sich zu mir nach Nennig, als Träger ganz verschiedener Ansichten, meine verehrten Freunde, die Hrn. Oberst v. Cohausen, Commerzienrath Boch, Dr. Kraus und endlich Hr. v. Salis, welch letzterer mit unablässigem Fleisse und äusserster Sorgfalt sich dem Studium der Inschriften zum Zwecke ihrer Vertheidigung hingab und mir wiederholt seine Ansichten darlegte; während ich es für eine Pflicht der Humanität erachtete, dem ehrenwerthen Manne, gerade weil er eine der meinigen entgegengesetzte Ansicht hegte, jede Erleichterung, vor Allem also freiesten Zutritt zu den Inschriften, zu verschaffen.

Die Natur meiner Aufgabe führte mich zunächst zur Kenntnissnahme und Prüfung der bis dahin offen gelegten Bautheile. Es lag mir dazu ein doppeltes Material vor, ein artistisches und ein literarisches. Jenes bestand in einer von Hrn. Schaeffer gefertigten Aufnahme der gefundenen Mauertheile und ihrer Dekoration und einer gleichen des Hrn. Regierungs-Bauraths Seyffarth in Trier. Auf den ersten Blick sprang der grosse Unterschied beider Aufnahmen in die Augen; während die Seyffarth'sche sehr sorgfältig erschien, umfasste sie weit weniger als die Schaeffer'sche, welche eine ähnliche Sorgfalt nicht erkennen liess. Nachdem festgestellt, dass dieser quantitative Unterschied beider Grundrisse daher rührte, weil Hr. Seyffarth lediglich das von ihm selbst Gesehene und Gemessene berücksichtigt, fasste ich sofort den gebotenen Entschluss, Alles, was der Schaeffer'sche Plan mehr als der verbürgte Seyffarth'sche enthielt, — soweit es nicht offen lag — aufs Neue aufgraben zu lassen, um dadurch einen Prüfstein an die Zuverlässigkeit der Arbeiten des Hrn. Schaeffer zu legen. Und diesen Prüfstein hielten letztere nicht aus!

Das Gesuchte war entweder gar nicht vorhanden, oder durchaus anders, als angegeben. Mit den beschreibenden Beilagen des Hrn. Schaeffer zu seinen Plänen verhielt es sich ebenso; wenngleich sie sich auch in idealisirender Allgemeinheit den Arbeiten und dem Stil des Hrn. v. Wilmowsky anzuschliessen bestrebten, entbehrten sie doch gleichmässig an vielen Stellen der thatsächlichen Wahrheit.

Nach dieser architektonischen Erfahrung — die weiter auszuführen und zu belegen erst nach vollendeter Ausgrabung geboten sein wird — musste ich mich selbstverständlich zu einer Revision der von Hrn. Schaeffer producirten Malereien veranlasst sehen. Sie waren nach den damaligen, zum Theil vom Finder selbst herrührenden Zeitungsnotizen, den Berichten von Hasenmüller, v. Wilmowsky und Brambach folgende:

1) Die Bemalung der östlichen, dem Abhange zugekehrten innern Corridor-Wand der Villa. Nach einer in den Akten beruhenden colorirten Zeichnung des Hrn. Schaeffer bestand diese aus einer Reihe breiter und schmaler, pompejanisch-rother Felder, welche durch weisse Theilungslinien von einem schwarzen Sockel und gleichfarbigen Umrahmungen geschieden wurden. In den schmalen Feldern erhoben sich auf grünlich-grauen sechseckigen Postamenten nackte Genien, während die Mitte der grössern, wie es scheint, von landschaftlichen Gemälden und der Statue Trajans mit dem umkränzten, die bereits angeführten Worte CÆS . TRAI . enthaltenden Schildchen eingenommen wurde. Entsprechend diesen grössern malerischen Darstellungen, befanden sich im schwarzen Sockel kleinere genrehafte Bildchen zweier im Kahne fahrenden Männer, einer Quellen-Nymphe, eines Ebers und — gerade unter den Füssen Trajans — einer Ente [1]). Doch möge hier der Wortlaut darüber aus dem in den Akten der Kgl. Regierung beruhenden Erläuterungsberichte des Hrn. Schaeffer folgen:

„Auf eine Länge von 56 Fuss war die Wand des Corridors mit den prachtvollsten Malereien bedeckt, so dass dieser Theil der Gallerie einen wahrhaft fürstlichen Eindruck machte.

Mit der grössten Behutsamkeit liess ich die Wand bloslegen. Was das Feuer, Feuchtigkeit und Frost seit Jahrhunderten mürbe gemacht hatten, war durch die von dem Berg hinabdringenden, an dieser Mauer sich stauenden Bergwasser vollständig erweicht und in Auflösung begriffen. Demnach gewährten die durch das Wasser in ihrer ganzen Lebendigkeit erscheinenden Farben einen prächtigen Eindruck. Die Details der Wand konnten theils wegen der Nässe, theils wegen der höchst mürben Beschaffenheit des Verputzes nicht durchgezeichnet werden, ich musste mich darauf beschränken, dieselben durch eine getreue Aufnahme in Farbenskizze für die spätere Zeit zu erhalten. Ein Vergleich dieser Malerei mit andern uns bekannten Wand-Decorationen lässt uns in der Zusammenstellung der Bilder der Wahl der Farben, der Technik, einen erfreulichen Nachklang der pompejanischen Malerkunst erkennen. Der Grund war, wie das beigegebene Blatt Nr. III uns zeigt, jenes brillante pompejanische Roth, durch breite dunkelgrüne, von weissen

---

1) v. Wilmowsky, a. a. O. Taf. I Fig. 1 u. 2.

Linien eingefasste Bänder von der Decke hinab in 4 Felder getheilt. Zwischen den grünen Abtheilungen war wieder ein schmales rothes Feld, auf dem gemalte Genien auf Postamenten stehend, Blumen tragend, angebracht waren.

Eine ähnliche plastische Decoration finden wir auf der Pilaster-Säule des Secundiner-Monuments bei Igel, ferner auf einem Fragment von einem ähnlichen Monument in der Porta nigra in Trier, auf den von Ortellus uns überlieferten Zeichnungen des grossen römischen Gebäudes zu Barbeln bei Trier; als Wandmalerei noch auf den uns durch Raphael Santio überlieferten Zeichnungen aus den Bädern des Titus in Rom.

In der Mitte der grossen rothen Felder war abwechselnd ein eingerahmtes Bild und eine stehende Figur angebracht. Auf dem 2. Felde von der Thüre 12 b an waren noch die mit Sandalen und Schnürwerk bekleideten Füsse, ein Stab, welchen die Figur in der linken Hand hatte, zu erkennen; unter den Füssen war ein Täfelchen, mit festons verziert, angebracht (mit der Inschrift) Caes. Trai., welche ich, so gut es möglich war, auf Paus-Papier über das Original durchgezeichnet habe. Der Gedanke, dass diese Figur eine Abbildung des Kaisers Trajan gewesen sein kann, liegt, wie ich glaube, ziemlich nah! Den Sockel der Wand bildete ein schwarzes, von gelben Linien eingefasstes Fries, in dessen Mitte sich kleine nicht eingerahmte Medaillons befanden. Ich habe dieselben so deutlich wiederzugeben versucht, als ich dieselben in Zeichnung und Farben erkennen konnte. Das erste dieser kleinen Medaillons zeigte uns sinnreich die Nymphe einer Quelle, welche in der Linken ein mit Bluhmen und Aehren gefülltes Füllhorn hält und die Ueppigkeit wie die fruchtbare Gegend andeutet. Das zweite Medaillon zeigt uns den mächtigen Eber, wie er verwüstend durch die Felder dahinstürmt. Das dritte Medaillon deutet uns an, dass die Entenjagd im Bereich der Villa, vielleicht auf den noch auf dem Banne Sinz-Kreuzweiler erkennbaren Maaren eine ergiebige war. Das vierte Medaillon gibt uns ein reizendes Bildchen von dem Vergnügen der Kahnfahrt, vielleicht auf dem Moselfluss.

Leider konnte die prachtvolle Decoration nicht conservirt werden, schnell bleichte das Licht die schönen Farben ab und schon nach einigen Tagen war der grösste Theil des Mauerverputzes in Staub und Schutt zerfallen."

2) Weitere Gemälde befanden sich angeblich in dem Corridor, welcher die Villa mit dem Rundbau verband. Hr. Schaeffer beschreibt dieselben wie folgt:

„Inwendig war diese Halle auf das prächtigste bemalt. Zwei im obern Theile der Bahn auf der westlichen Wand aufgefundene Gemälde (zwei Knaben auf der Jagd vorstellend) geben uns einen lebhaften Begriff von dem Eindruck, welchen diese Halle einst gemacht haben muss. (Siehe Blatt III zu den Bädern.) Nr. 1 stellt einen knieenden Jüngling vor, welcher eben im Begriffe ist, den Pfeil abzuschliessen. Nr. 2 der ihm gegenüber in hockender Stellung verweilende zweite Jüngling hält ihn durch ein Zeichen mit der rechten Hand zurück.

Die herrlichen Jünglings-Gestalten zeigen sowohl in der Auffassung als Zeichnung die Blüthe der römischen Malerkunst in einer Güte, die den Gemälden in dem Hause des tragischen Dichters und des Salustius in Pompeji in keiner Weise nachsteht. Der erste Jüngling hat sich auf ein Knie niedergelassen, die ausgestreckte Linke hält den Bogen, das weit geöffnete Auge hat sich das Ziel bereits gewählt und die zurückgezogene Rechte ist eben im Begriff, das tödtliche Geschoss dem Bogen entschlüpfen zu lassen, als der besonnenere Kamerad, der den Bogen in der linken Hand auf die Erde gestützt halb kniend festhält, ihn ermahnt, den Pfeil noch nicht abzuschiessen. Die Zeichnung und der Charakter der Gemälde lassen auch in diesen Darstellungen einen lebhaften Zug griechischer Kunst erblicken. Die West-Seite der Gallerie war in Felder von ca. 12 bis 14 Fuss Länge eingetheilt. Diese wurden getragen von einem 3½ Fuss hohen Friese von schwarzem Grund. Auf diesem schwarzen Grunde waren die Jünglinge in abgemessenen Zwischenräumen gemalt. Eine durch Farbe nachgeahmte Porphirtäfelung bildete das unterste Friesband. Leider konnten die schönen Kunstwerke nicht erhalten werden. Zum grössten Theil schon von der Wand herabgerutscht, musste ich mich darauf beschränken, die Fragmente zu sammeln, mit aller Vorsicht zusammenzulegen, um noch ein ganzes Bild zu erzielen. Die Durchzeichnung wurde dann, wenn auch mit vieler Mühe noch richtig erzielt und kann ich dieselbe als ein getreues Facsimile der Umrisse vorlegen. Ebenso die Farbenskizze.

Noch weithin konnte ich am Fusse der Wand die Reste noch vieler solcher Knabengestalten erkennen. 16 Stück habe ich gezählt, von denen noch die Füsse und theilweise Körperstückchen im Schutt gefunden wurden. Aber die nach Norden hin tiefer abgebrochene Mauer und der Zahn der Zeit haben uns die schönen Bilder geraubt; nur die beiden vorliegenden sind uns sparsam als Probe der hohen Stufe, auf welcher die Malerei damals auch in der Colonia Augusta stand, erhalten geblieben."

Der 6. Brief (Anlage VI) fügt hinzu:

„In dem langen Gang habe ich einen zweiten Knaben gefunden so schön, so ideal gezeichnet, dass ich im Zweifel bin, ob der Erste wohl besser ist als der Zweite. Ich konnte noch keine Zeichnung fertigen zum Absenden, da ich zu wenig Zeit habe und nur die originale Durchzeichnung abnehmen konnte, ehe das Kunstwerk zerfällt."

3) Die prächtigsten malerischen Dekorationen soll endlich aber jener Rundbau selbst enthalten haben, welcher den Abschluss des vorerwähnten Corridors bildete. Er zeigte inwendig kleinere Gemälde. Hr. Schaeffer sagt:

„Der runde Saal war inwendig dunkelroth mit hochgelben Feldern bemalt und hatte einen Fries, in welchem Scenen des Landbaues dargestellt waren. Dieselben waren aber derart mürbe, dass nicht einmal eine vollständige Skizze abgenommen werden konnte. Der Saal hatte, wie die aufgefundenen Bruchstücke der Bekleidung uns zeigten, ein Gewölbe. Die Decke war blau mit gelben Sternen bemalt."

Auswendig befanden sich 4 grössere umrahmte Gemälde über den Inschriften[1]); eines derselben, noch in seinen Stücken zusammensetzbar,

1) Janssen, a. a. O. p. 23.

zeigte zwei Figuren, von denen eine ein sitzender Held mit Schild und Lorbeerkranz¹). Der Finder schreibt darüber:

„Auf der äussern Mauer des Saals waren ehedem 4 Bilder je 4½′ breit auf der Mauer angebracht. Unter jedem dieser Gemälde, deren eines ich noch in den aufgefundenen Resten zusammengesetzt und gezeichnet habe, befanden sich in einer Entfernung von c. 7½′ von einander 4 mit schwarzer Farbe auf roth gefärbtem Stucco gemalte Inschriften" etc.

Ergänzend heisst es hierzu in dem 3. und 4. Briefe:

„Ueber dieser Schrift war ein Bild, welches einen sitzenden Mann darstellte, mit einer Frau gegenüber, nebst Schild und Kranz, was ich beim Aufdecken nachzeichnen konnte und in Farbe anlegen. Es wurde bald morsch und schwarz, so dass jetzt nur noch wenig davon zu sehen ist,"

und

„an dem Rande der Mauer auf der Ostseite konnte man beim Aufdecken noch deutlich die Spuren eines 7′ breiten Bildes erkennen, welches auf Stuck gemalt war, während das übrige Mauerwerk mit gröberem aus Ziegelstückchen und Kalk gefertigten Mörtel bedeckt war. Unter diesem Bilde, dessen Rand noch sichtbar, befand sich eine noch gut erhaltene Inschrift" etc.

4) Das Bild eines pflügenden Mannes wird in der Anmerkung zum 3. Briefe im Innenraum erwähnt.

5) Der Fund einer malerischen Darstellung eines Amphitheaters wird im 6. Briefe berichtet und dort gesagt:

„Auch habe ich aus dem Schutte die Trümmer eines Landschaftsbildes soweit zusammengelesen, dass es durchzuzeichnen ist, es stellt ein Theater oder Amphitheater vor, — vielleicht haben wir hier das Portrait desjenigen von Trier. — Ich versuche es, ob vielleicht noch alle Stücke beizubringen sind und nehme es gut zu Papier auf, aber ich bitte Sie um die Gütigkeit, vorderhand nichts zu sagen, auch Hrn. v. Wilmowsky aus keinem meiner Briefe an Sie vorher besondere Mittheilung zu machen, bis er auch eine Nachricht hat" etc.

6) Die Reste einer Fontaine am äussern Rundbau, unter welcher angeblich die vierte Inschrift gefunden wurde²).

7) Schliesslich die Fragmente eines Mosaikbodens, über den sich Hr. Schaeffer also verlauten lässt:

„Wir treffen in Nr. 25 ein ehemals auf Hypocausten gelegtes Mosaik an 15′ lang, 12′ breit. Zuerst der Brand, dann das unvernünftige Graben nach Schätzen von Seiten der Landleute haben uns fast ganz um das hübsche Mosaik gebracht. Als sich die ersten Spuren des genannten Mosaiks bei unserer Ausgrabung zeigten und ich die Wahrnehmung gemacht hatte, dass sowohl die Unterlage als die kleinen Würfelchen selbst fast zu Kalk verbrannt waren, liess ich mit der grössten

---

1) Hasenmüller, a. a. O. p. 8 u. 11.
2) v. Wilmowsky, a. a. O. p. 15.

Vorsicht den Schutt von den noch vorhandenen, durch eine umgestürzte Mauer eingedrückten Fragmenten wegräumen. Durch Abmessen und nachheriges Zusammenstellen der Zeichnung von den noch vorgefundenen Fragmenten konnte ich das beigegebene Blatt Nr. 4 als getreue Copie geben. Ich habe nur diejenigen Theile colorirt, welche ich bestimmt als das erkannt habe, wie es die Zeichnung angiebt. Eine Heldenfigur mit der Clamis bekleidet, einen Speer in der Linken, die Rechte wie zu einem Zeichen gebend ausstreckend. Der Helm hat die römische Form, wie wir sie auf den Abbildungen der Trajanssäule wiederfinden."

Wenn ich dieser meist mit den Worten des Finders wiedergegebenen Aufzählung der malerischen Darstellungen beifüge, dass mir dieselben zumeist auch in dessen colorirten, sorgfältigen Copien vorliegen, mithin die ganzen Bilder oder ihre Theile doch einen gewissen Zeitraum dem Betrachter zugänglich gewesen sein müssen, um sie copiren zu können, wie wird der Leser es dann begreiflich und glaubhaft finden, dass, mit Ausnahme des gleich zu besprechenden Wasserbeckens, nichts von allen diesen Malereien in Nennig zur Aufbewahrung übergeben wurde? Was wird er aber erst sagen, wenn ich ihn versichere, wie ich von der obersten Aufsichtsbehörde bis zum letzten Arbeiter nicht einen einzigen Zeugen aufzutreiben im Stande war, welcher auch nur eines dieser Bilder constatirt hätte? Und doch wurden die Wände, an welchen sich angeblich deren Spuren zeigten, durch die Hände von Arbeitern ihrer Verschüttung entzogen, die man nach den anliegenden Protocollen auf Tag und Datum herauszufinden vermag [1]).

Die Antwort darauf, wie es möglich sei, durch eine ganze Reihe mit gutem Sehvermögen begabter Arbeiter 6 malerische Darstellungen ans Licht zu bringen, ohne dass jene etwas davon bemerkt, gewährt wol am Besten die in heiterer Parodie zu den Füssen der Trajansstatue schwimmende Ente!

Was nun das in gelber Färbung auf die rothe Wand aufgetragene Wasserbecken betrifft, so verlangte dasselbe — wenngleich keineswegs ein Gemälde im künstlerischen Sinne — zum Schlusse dieser Revision als einziger Ueberrest noch eine aufmerksame Prüfung. Hr. v. Wilmowsky sagt von demselben in seiner Tafelerklärung p. 15 Fig. V: »Wir sehen die Andeutung des gemalten Wassergefässes, unter welchem die Spuren

---

1) Auch Hr. v. Wilmowsky scheint bezüglich der von ihm mitgetheilten Malereien nicht in der Lage gewesen zu sein, sich durch den Augenschein zu unterrichten, da nach einem (bei den Akten befindlichen) Briefe des Hrn. Schaeffer an Hrn. Seyffarth vom 17. Sept. 1866 die Reste der Trajansstatue vor diesem Datum aufgefunden wurden und gleich zerfielen (vgl. p. 9 d. Abh.), während er seine erste Reise (v. Wilmowsky, a. a. O. p. 3) erst 14 Tage später, am 1. October, antrat.

einer vierten Inschrift sichtbar wurden« und über diese p. 2: »Die Ueberreste der vierten Inschrift sind zu gering, um mehr als den Namen Cäsar Trajanus daraus entnehmen zu können.« Dieser letztere Ausspruch ist vollständig richtig; denn nicht einmal diese Worte sind jetzt mehr sichtbar und die Buchstaben erscheinen vollständig verblichen. Warum übergeht indess Hr. v. Wilmowsky die unerklärliche und auffällige Thatsache, dass diese Inschrift[1]) bei ihrer Sichtbarmachung 31 Buchstaben zeigte, und warum erläutert er uns nicht den räthselhaften Vorgang der Verblassung derselben, während die drei übrigen Inschriften des Rundbaues sich doch wohl erhielten? Immerhin verlohnt es sich, bei dieser eigenthümlichen Erscheinung einen Augenblick zu verweilen und die Ansicht der Hrn. Schaeffer[2]) und v. Wilmowsky, die Schriftzüge befänden sich unter der Farbe der später aufgemalten Fontaine, zu prüfen. Wäre diese Behauptung nämlich richtig, wären die anfänglich lesbaren 31 Buchstaben wirklich unter dem Schutz der Farbe gefunden worden, so würden sie ganz gewiss auch in diesem Zustande verblieben und nicht sofort verblichen sein. Ich vermag nun aber diese behauptete Thatsache nicht als richtig anzuerkennen und stelle es jedem bewaffneten oder scharfsehenden Auge anheim, sich durch eigene Wahrnehmung an den noch erhaltenen Buchstabenspuren zu überzeugen, dass sich dieselben nicht unter, sondern zweifellos über der Malerei befanden. Die hieraus sich naturgemäss ergebende Frage: Ist es denkbar, dass die ehemaligen Bewohner der Villa für ihre Inschriften, anstatt leerer Wandflächen, solche wählten, die schon durch bildnerischen Schmuck ausgezeichnet waren? überlasse ich füglich der Beantwortung des Lesers und will es ebenwenig hier zum Austrag bringen, in wie weit die durch Hrn. Baurath Seyffarth verhinderte Anwendung des schützenden Wasserglases die Verblassung herbeigeführt hat.

Ich kann nicht umhin offen auszusprechen, dass mich die Erwägung der Publication der malerischen Decoration an der Ostwand der Villa in einer Ausdehnung, die, wenn wirklich vorhanden, nicht unbezeugt bleiben konnte, und das Resultat der Prüfung der Fontainen-Inschrift zuerst misstrauisch gegen die bisher von mir als durchaus correct angesehenen Wahrnehmungen des Hrn. v. Wilmowsky stimmte, ohne natürlich im Mindesten den guten Glauben, in welchem sie gegeben

1) Trier'sche Ztg. Jahrg. 1866 Nr. 249; Brambach, Trajan am Rhein etc. p. 10; Leonardy, die Secundinier etc. p. 7. Hasenmüller theilt dieselbe schon nicht mehr mit.
2) Trier'sche Ztg. Jahrg. 1866 Nr. 249 u. 270.

waren, zu berühren. Das Verfahren des Hrn. Schaeffer erhielt freilich bereits ein derberes Relief durch die in Erfahrung gebrachte Thatsache, dass er neuaussehende Münzen mit einer Flüssigkeit bestrich und im Boden der Villa vergrub, um sie als alte wieder hervorzuziehen¹).

Folgerichtig führte diese umschauende und prüfende Beschäftigung mit den Malereien der Villa zur Untersuchung der Verputzarten. Von vorn herein musste es mir hierbei auffallen, dass Hr. v. Wilmowsky, der einfachen Behauptung der Inschriftenfälschung gegenüber, zu dem Beweise vom Alter der Mauern, des Verputzes und der Abfärbung übergeht, um dadurch zum Schlusse zu gelangen, dass man das Gesammte nicht in einer Nacht habe fälschen können und somit die Unmöglichkeit einer Fälschung vorliege²). Nun hat aber meines Wissens Niemand jemals am Alter der Mauern, des Mörtels und der Farbe gezweifelt, noch weniger stehen die aufgemalten Inschriften untrennbar oder auch nur in irgend einem innern nothwendigen Zusammenhang mit der Mauer, auf welcher sie sich zufällig befinden; es bleiben mithin die Folgerungen gegenstandslos und beweisen durchaus nichts gegen die moderne Aufmalung der Buchstaben auf die alte Wand. Auch den weitern Bemerkungen des Hrn. v. Wilmowsky über die enkaustische Natur der rothen Wandfärbung und die Gleichheit der schwarzen Farbe der Inschriften und Wand-Decorationen vermochte ich desshalb nicht beizustimmen, weil mir mit ersterer die Grösse der Wandflächen und ihr stets der Sonne ausgesetzter Zustand unvereinbar erschien, letztere aber durchgängig bei den Wandbemalungen als Deckfarbe, bei den Inschriften hingegen als dünne Lasurfarbe sich zu erkennen gab. Um indess für solche Fragen rein technischer Natur das unbefangene Urtheil eines Fachmannes eintreten zu lassen, wurde die früherhin zu gleichem Zweck schon in Berlin gewesene 2. Inschrift nebst einer Anzahl schwarzer Verputzstücke aus den verschiedensten Räumen der Villa Hrn. Prof. Kekulé, Director des chemischen Laboratoriums hiesiger Universität, zur gefälligen Untersuchung übergeben. Derselbe äusserte sich wie folgt:

„Eine chemische Analyse der Farbe, die zur Herstellung der schwarzen Schrift gedient hat, war nicht ausführbar, weil die Schriftzüge keinen eigentlichen Körper besitzen; zahlreiche Beobachtungen führen indessen doch zu ziemlich sicheren Schlüssen über die Natur der Farbe sowohl, als über die bei Herstellung der In-

---

1) Anlage III, Z. 1.
2) v. Wilmowsky, a. a. O. p. 7 u. 8; Bonn. Jahrb. d. V. v. A. XLVII u. XLVIII p. 187 oben.

schriften angewandte Behandlung. Alles, was über die Art der Ausführung von Andern gesagt worden ist, übergehend, muss zunächst hervorgehoben werden, dass die gemalten Inschriften am Rundbau der Nenniger Villa sicher nicht mit derselben Farbe hergestellt und in derselben Weise behandelt sind als die schwarzen Wände desselben Gebäudes, wie dies von anderer Seite mit Bestimmtheit behauptet worden ist. Die mir vorliegenden Verputzstücke jener Wände bestehen wie bei vielen römischen Bauten aus schlechtem Mörtel, der mit einer dünnen und glatt geschliffenen Schicht weissen Kalkes bedeckt ist. Auf diese Kalkschicht, die offenbar als Aetzkalk aufgetragen war, der sich später in fein krystallinischen kohlensauren Kalk umgewandelt hat, ist eine schwarze, aus groben Kohlentheilchen bestehende Deckfarbe a fresco aufgetragen. — Der Verputz an der Aussenseite des Rundbaus ist ein weit besserer mit rothen Ziegelstücken gemischter Mörtel[1]). Er ist nicht etwa mit rother Farbe bestrichen, sondern mit einer sehr feinkörnigen in ihrer Masse rothen Schicht bekleidet, die dicht mit dem baculus geschlagen und an der Oberfläche geschliffen ist. Diese rothe, ziegelartige Masse besteht entweder aus gemahlenen Ziegelsteinen, oder aus gebranntem Ziegelthon, mit Kalk resp. kohlensaurem Kalk als Bindemittel. Das Färbende dieser rothen Schicht ist also jedenfalls nichts anderes als Eisenoxyd. Auf dieser rothen Fläche befinden sich nun die schwarzen Inschriften. Ihre Farbe ist nirgends in die Masse der rothen Schicht eingedrungen. An eine Behandlung a fresco ist also nicht zu denken; aber auch die von Prof. A. W. Hofmann in Berlin ausgesprochene Vermuthung wird dadurch unzulässig. Wäre nämlich die rothe Masse durch Ueberstreichen mit irgend einem chemischen Agens in eine schwarze Masse umgewandelt worden, so müsste nothwendig die schwarze Farbe in das Roth eingedrungen sein[2]). Dazu

1) Ob der Verputz aus zwei Lagen bestand, (v. Wilmowsky, a. a. O. p. 4) und ob deren obere eine spätere (Hasenmüller, a. a. O. p. 24) war, berührte diese Untersuchung nicht, da wir es selbstverständlich nur mit der letzteren, welche die Inschrift trägt, zu thun haben.

2) Die Monatsberichte der Akademie der Wissenschaften zu Berlin enthalten (1867 p. 62) in dem Bericht über die allgemeine Sitzung vom 31. Jan. 1867 folgende Stelle: „Herr Hofmann bemerkte noch, dass auf dem rothen Stuck Inschriften in schwarzer Farbe gar wohl auf dem Wege hergestellt werden könnten, dass eine Schablone auf die rothbemalte Wandfläche gelegt und mit einer der verschiedenen das Roth in Schwarz verwandelnden Substanzen darüber hingefahren werde. Es wurden mehrere Proben vorgewiesen von Buchstaben, die Hr. Hofmann also auf den aus Nennig eingesandten Stuckfragmenten hergestellt hatte."

Auf briefliche Anfrage ist Hr. Prof. Hofmann so gefällig gewesen, dem Verfasser die Copie eines vom 12. Jan. 1867 datirten Schreibens an Hrn. Geheimrath Pinder zur Verfügung zu stellen, in welchem die Resultate seiner Versuche über den rothen Stuck der Nenniger Inschriften genauer mitgetheilt sind als in der angeführten, nach einer mündlichen Mittheilung redigirten Stelle der Monatsberichte. Es heisst in diesem Schreiben: „Der Farbstoff ist weder Zinnober

kommt, dass weder durch Schwefelverbindungen noch durch irgend welche Agentien, von welchen eine derartige Wirkung etwa hätte erwartet werden können, eine Umwandlung des rothen Verputzes in eine schwarze Substanz hier hervorgebracht werden konnte. Die schwarzen Schriftzüge überziehen in dünner Schicht den rothen Grund. Die Farbe lässt fast überall das Roth der Unterlage durchsehen. Sie ist eine wahre Lasurfarbe, die aus höchst fein zertheilter Kohle besteht; sie deckt nirgends und lässt sich noch viel weniger von der glatt geschliffenen Unterlage abblättern. Sie kann sogar, selbst bei der vorsichtigsten Behandlung nicht abgekratzt werden, ohne dass gleichzeitig das Roth verletzt würde. Dagegen gelingt es an vielen Stellen der Schriftzüge leicht, durch gelindes Reiben mit feuchtem Papier oder mit dem benetzten Finger schwarze Farbe wegzunehmen, während das a fresco aufgetragene Schwarz der Wände bei gleicher Behandlung sich erdig abreibt. — Durch Wasserglas erscheint nun auf dem ganzen Mauerstück der vorliegenden Inschrift eine schmutzige Schicht von ungleicher Dicke aus Sand- und Mörteltheilchen aufgeklebt. Noch jetzt besitzt das Wasserglas alkalische Reaction und gelatinirt mit Säuren. Die erzeugte Schmutzschicht ist von der rothen Fläche des Verputzes so angesaugt, dass sie sich nicht von ihr abblättern lässt. Weniger günstig war die schwarze Farbe der Buchstaben einer solchen innigen Verbindung. An manchen Stellen gelingt es, von den Buchstaben dickere Theilchen der Schmutzschicht abzuschuppen und dann zeigt sich die untere Seite dieser abgesprengten Kruste tief schwarz gefärbt. Die mit dem Wasserglas aufgetragenen oder in das frische Wasserglas eingeworfenen Erd- und Mörteltheilchen konnten also die schwarze Farbe der Schrift aufsaugen. Alle diese Beobachtungen lassen den antiken Character der vorliegenden Schrift zum mindesten sehr zweifelhaft erscheinen. Wenn man auch annehmen wollte, die Inschriften seien in aussergewöhnlichen Bedingungen ausgeführt und deshalb auf eine ältere Wandfläche aufgeschrieben, so muss doch berücksichtigt werden, dass schwarze Farben von so feinem Korn und nicht deckender Natur, so weit wir wissen, von den Römern nirgends angewandt worden sind. Der Umstand, dass die Farbe schon vom benetzten Finger aufgenommen wird, und dass sie von der mit Wasserglas aufgetragenen Schmutzschicht aufgesaugt werden konnte, macht jedenfalls die Annahme, die Inschriften hätten Jahrhunderte lang in feuchtem Boden ihre Frische behalten, kaum zulässig, lässt es vielmehr wahrscheinlicher erscheinen, dass Wasserglas und Schmutz mit frisch aufgetragener Farbe in Berührung kamen.

noch Mennige, denn der Ueberzug enthält keine Spur Quecksilber oder Blei, sondern einfachen Eisenocker oder Eisenoxyd.

Salpetersaures Silber, welches auf einer Zinnoberfläche Schwärzung hervorbringt, ist auf die rothe Farbe ohne Einfluss, dagegen lassen sich leicht schwarze Flecke hervorbringen, wenn man auf den Mörtel mit einem geeigneten Metallsalze (Silber-, Blei-, Platin- oder Kupfer-Salz) schreibt und, nachdem die Lösung von dem Mörtel eingesogen ist, die Fläche mit Schwefelammonium bestreicht. Auf diese Weise sind die schwarzen Buchstaben auf der rothen Fläche des Mörtelstücks hervorgebracht, welches ich anliegend zurücksende."

Einzelne kleinere anderweitige Beobachtungen führen zu derselben Ansicht und bestärken sie wesentlich. Die Form der Buchstaben und die ungleiche Stärke der schwarzen Farbe scheinen nämlich dafür zu sprechen, dass die Schriftzüge zunächst mit schwacher Farbe durch Schablonen aufgetragen und dann aus freier Hand mit tieferem Schwarz nachgemalt worden sind. Dunklere Pinselstriche sind deutlich sichtbar. Einzelne kleine Löcher im rothen Verputz, die offenbar aus früherer Zeit herrührten, sind dabei mit Farbe mit ausgefüllt worden und so dunkler gefärbt. Einige, wohl ebenfalls aus älterer Zeit herrührende Spalten durchsetzen hie und da die Schrift, dann zeigt sich bisweilen, dass die durchschnittenen Theile desselben Buchstabens sich nicht vollständig entsprechen. Da alle diese Beobachtungen mich zu der Ansicht geführt hatten, die betreffenden Inschriften könnten vielleicht mit chinesischer Tusche ausgeführt und dann mit Wasserglas fixirt worden sein, so habe ich versucht, in dieser Weise die Schriftzüge nachzuahmen. Es ergab sich, dass auf den rothen Grund aufgetragene Tusche, wenn sie nicht weiter behandelt wird, sich leicht wieder wegwaschen lässt. Wird dagegen so hergestellte Schrift mit einer dünnen Lösung von Wasserglas überzogen, so haftet die Farbe schon nach wenigen Stunden. Obgleich nun die von mir angewandte Tusche in der Nuance etwas vom Schwarz der Nenniger Inschriften verschieden ist, und die Wasserglaslösung, weil sie rasch erhärten sollte, etwas concentrirt gewählt worden war und so einen schwach glänzenden Firniss bildete, so tragen doch die so hergestellten Schriftzüge im Allgemeinen unverkennbar den Character der Nenniger Inschriften"[1]).

---

[1] Später schreibt Hr. Prof. Kekulé an den Verfasser:

"Poppelsdorf, 2. Juli 1870.

Werther Herr College!

Die Untersuchung der rothen Verputzstücke von Nennig, die Sie mir vor Kurzem zuzusenden so gefällig waren, ergiebt nichts wesentlich Neues, und ich habe also meinen früheren Angaben nichts beizufügen.

Dass ich auf den in der Trierischen Zeitung vom 30. März enthaltenen Artikel des Hrn. Bildhauer Schaeffer eingehend zu antworten mich nicht entschliessen kann, werden Sie wohl natürlich finden. Diese von Rom aus gemachten Beobachtungen, oder auf eine fast vierjährige Erinnerung basirten Bemerkungen scheinen mir wenig dazu geeignet neues Licht in den Gegenstand zu bringen, aber ich glaube auch nicht, dass sie im Stande sind eine an sich klare Sache von Neuem zu verdunkeln.

Wenn Hr. Schaeffer in dem Schwarz der Nenniger Inschriften mit dem Mikroskop Lampenruss erkennt und bei sehr vorsichtiger Untersuchung kleine verhärtete Theilchen sieht, die nichts anderes sind als das antike Bindemittel: Eiweissstoff oder Leim, so verfügt er eben über Untersuchungsmethoden, die uns Andern unbekannt geblieben sind. Dass die zweite Inschrift das Schwarz etwas tiefer und dünner zeigt als die übrigen, weil diese Inschrift schon von früherem Regen angeschlagen und gewaschen wurde, ist schwer verständlich. Wenn aber gar ein Schmutzüberzug, in welchem die chemische Untersuchung durch Wasser-

Wurde durch diese gutachtliche Aeusserung des Hrn. Prof. Kekulé nun auch festgestellt, dass an der Identität der schwarzen Verputzfarbe mit der Buchstabenschwärze, wie an einer enkaustischen Behandlung der rothen Wandfläche nicht festzuhalten, ergab ferner die Aufsaugung der schwarzen Buchstabenfarbe durch die aufliegende Schmutzschicht deren frischen Auftrag, so waren es doch schliesslich noch ganz andere Momente, die alle weitern Erwägungen überflüssig erscheinen liessen.

Was die grösste Beflissenheit nicht zu erreichen vermag, bringt oft des Zufalls leichtes Spiel uns in die Hand. Es war an einem regnerischen Novembersonntag, als der neueste Vertheidiger der Inschriften, Hr. v. Salis, in Begleitung eines Lehrers der französischen Sprache zur wiederholten Untersuchung der Inschriften in Nennig erschien. Wir tauschten unsere Meinungen gegenseitig aus. Ich wies auf die Unhaltbarkeit des zu Hülfe gerufenen Unterschieds zwischen officiellen und privaten Inschriften für den gegenwärtigen Fall hin, indem hier doch keine so unwissenden pompejanischen Handwerker als Palastbewohner anzunehmen seien, denen man die Unbildung zumuthen könne, in einzig dastehender Weise gegen vielhundertjährigen, sanctionirten und constant gewordenen Usus im Titularwesen zu sündigen und verlangte, dass man doch aus dem ganzen Vorrath römischer Inschriften nur ein einziges ähnliches Beispiel nachweisen möge. Hr. v. Salis setzte dem entgegen, dass ungeachtet alledem die Nenniger Inschriften alt und unanfechtbar blieben, weil die durch das Jahrhunderte lange Verweilen in der feuchten Erde gebildete Kruste oder Kalksinter-Textur gleichmässig über die ganze Wandfläche, also auch über die Buchstaben hinweggehe. Nothwendigerweise müsste sich diese Textur unter den Buchstaben befinden, falls die Inschriften späterer Zeit angehören sollten. Ebenso widerlegte Hr. v. Salis meine Meinung vom Gebrauch der Schablone bei Aufmalung der Buchstaben siegreich dadurch, dass er

---

glas aufgekittete Mörteltheilchen nachweist, für eine gleichmässige Kalkkruste, die aus dem kalkhaltigen Wasser der Gegend herrührt, ausgegeben werden soll, so heisst das doch der Leichtgläubigkeit des Publikums etwas viel zumuthen.

Sollten Sie es für geeignet halten diese Bemerkungen meiner früheren Mittheilung als Anmerkung beizufügen, so habe ich nichts dagegen einzuwenden.

Mit bestem Gruss

Ihr ergebener

Aug. Kekulé."

einzelne Buchstaben herausfand, z. B. ein X, deren Balken übereinander gingen und die desshalb keinesfalls mit der Schablone, vielmehr nur aus freier Hand gemacht sein konnten. Ich vermochte in der That nichts Erhebliches diesen beiden scharfsinnigen Wahrnehmungen entgegen zu setzen, fand die Gründe für die Echtheit dadurch wesentlich gestützt und verliess meinen Gegner, um ihn durch meine Anwesenheit in der Freiheit seiner Nachforschungen nicht zu behindern. Plötzlich erscheint der Begleiter des eifrigen Franzosen, um mir mitzutheilen, dass letzterer durch ihn als Dolmetscher so eben ein Examen mit dem Aufseher und Ausgräber der ersten Inschrift, Peter Reuter, abgehalten habe, bei welchem dieser, nach der auf den Buchstaben der ersten Inschrift befindlichen Schmutzschicht befragt, ausgesagt, dieselbe sei dadurch entstanden, dass Schaeffer nach dem Bestreichen der Wandfläche mit Wasserglas sie stets mit dem am Boden liegenden Schutt und Sand beworfen und darüber wieder Wasserglas aufgetragen habe.

Ich war keineswegs geneigt, dieser Angabe sofort Glauben zu schenken, nahm die frühern protocollarischen Aussagen der Arbeiter zur Hand und gelangte zu dem naheliegenden Entschlusse, festzustellen, wie viele und welche Arbeiter bei der Ausgrabung der ersten Inschrift zugegen gewesen seien. War die Aussage des eben von Hrn. v. Salis vernommenen Peter Reuter wahr, so mussten nothwendig alle Betheiligten dasselbe gesehen haben und aussagen können. Konnten sie dies nicht, so blieb das Reuter'sche Zeugniss von sehr zweifelhaftem Werth. Sie mussten indess noch mehr gesehen haben; denn eines der ältern Vernehmungsprotocolle vom 20. März 1867 (Anlage II) enthielt bereits die Aeusserung des Arbeiters Lorenzer, dass Schaeffer nach der Bloslegung der ersten Inschrift dieselbe mit einem Pinselchen und schwarzer Farbe ausgebessert habe. Desshalb aufs Neue befragt, bekundeten nun alle drei beim Ausgraben der ersten Inschrift gegenwärtigen Personen, Reuter, Schattel und Lorenzer genau dasselbe, nämlich:

dass Schaeffer die gefundene Inschrift mit einem Pinselchen und schwarzer Farbe ausgebessert, mit Wasserglas überzogen und die dadurch genässte Fläche mit Schuttstaub beworfen habe. (Anlage III, Z. 1, 2 u. 4.)

Es musste auffallen, dass diese wichtigen Thatsachen nicht früher ausgesagt worden waren. Die Zeugen erklärten dagegen, hierüber nicht näher befragt worden zu sein. Um so werthvoller erscheint es desshalb, dass der Zeuge Lorenzer seine am 20. März 1867 gegebene Aussage bereits früher, am 18. Januar, in einem von der

Staatsanwaltschaft gegen Hrn. Schaeffer wegen Anheftung von Placaten angestrengten Verfahren eidlich deponirte. (Anlage V.)

Ich vermag an dieser Stelle meine Verwunderung darüber nicht zu unterdrücken, warum Hr. v. Wilmowsky, anstatt zu behaupten, dass nach dem Ergebniss der amtlichen Untersuchung eine Fälschung nicht erweislich und die Zeugenverhöre ein amtliches Zeugniss für die Echtheit geworden seien [1], nicht diese selbst vollständig abdruckte. Die Tragweite der nicht mitgetheilten Lorenzer'schen Aussage ist doch unverkennbar. Ebenso verhält es sich mit andern! Wenn Hr. v. Wilmowsky z. B. die Unausführbarkeit der Inschriftenfälschung dadurch zu beweisen sucht, »dass es unmöglich sei in einer Nacht einen 8' tiefen Graben auszuwerfen, darin eine Mauer zu verputzen, zu trocknen, zu färben und zu bemalen, wozu Tage und Wochen gehörten,« so würde der Abdruck des Zeugenverhörs dargethan haben, dass bereits am Tage vor dem Funde der Inschrift die rothe Wand bis zu dieser frei lag und am andern Morgen der Arbeiter innerhalb der Grube nach Süden, wo die Erde böschungsartig ausgehoben war, weiter arbeitete, um schon in ¼ Stunde zur Inschrift zu gelangen. (Anlage I, Z. 1 (Schaeffer), der schon sagt: »der Boden war etwas unterminirt« u. Z. 10.) War also die rothe Wand vorhanden, so bedurfte der Fälscher in der Nacht doch keineswegs Tage und Wochen, sondern nur so viel Zeit, um die Erde aus der vorhandenen Böschung zu ziehen, die Inschrift zu schabloniren und die herausgezogene Erde wieder in die Böschung zu schieben. Die über der Böschung befindliche Grasnarbe blieb und konnte dabei ganz unversehrt bleiben. Wo findet sich hier eine Unmöglichkeit? Gleichwol habe ich es nicht unterlassen, auch hierüber das Zeugenverhör zu veranlassen. Beide mit der Ausgrabung beschäftigte Männer sind ganz einstimmig darin, dass zwar die Bodenfläche am Rundbaue an der Stelle der ersten Inschrift oben fest, unversehrt und mit Gras bewachsen war, darunter aber eine mit Schutt angefüllte Böschung sich befand, die man sehr gut in einer Nacht, ja sogar in ¼ Stunde leeren und füllen konnte. (Anlage III, Z. 1 u. 2.) Ja, es wurde nunmehr auf das Bestimmteste behauptet, dass diejenige Stelle der Mauerfläche, welche am Sonntagmorgen die Inschrift zeigte, ganz dieselbe sei, welche schon am Samstag ohne jegliche Spur einer Inschrift blosgelegt wurde. (Anlage III, Z. 2 u. 4; vgl. Anl. I, Z. 3.)

---

[1] Bonn. Jahrb. d. V. v. A. XLVIII p. 189.

Ganz ausdrücklich hatte Lorenzer dies schon in seiner eidlichen Aussage hervorgehoben. (Anlage V.)

Damit beschäftigt, diese überraschenden Aussagen zu ordnen, hielt ich es für erheblich, genau den Zeitpunkt festzustellen, an welchem die 1. Inschrift aufgefunden wurde. Nach der eigenen protocollarischen Aussage des Hrn. Schaeffer und nach jener aller Zeugen war es der Sonntagmorgen des 30. Septembers 1866. (Anlage I, Z. 1, 2, 3 u. 13.) Um durch die Sonntagsarbeit keinen Anstoss zu erregen, wurde ja hierzu die Erlaubniss des Pastors eingeholt. Dieser war es auch, zu dem Schaeffer sich Sonntagmorgens gleich nach Auffindung der Inschrift begab, um, des Lateinischen angeblich unkundig, eine Deutung derselben von ihm zu erlangen.

Ich komme hier an den Punkt, wo sich der Betrug seine eigene Falle gelegt hat. Denn vor dem nackten, unumstösslichen Factum, dass die 1. Inschrift am Sonntagmorgen des 30. Septembers 1866 durch Peter Reuter aus der Erde gegraben wurde, der dazu ½ Stunde in der Böschung bis zu den ersten Buchstaben und dann noch 1½ Stunde von oben (wo die Grasnarbe unversehrt anstand) herab bis zur völligen Freilegung gebrauchte (Anlage I, Z. 10 u. III, Z. 1) und dass, wie erwähnt, an diesem Morgen durch die Beihülfe des Pfarrers der Entdecker Schaeffer nach dem Verständniss ihres Inhaltes strebte, zugleich aber, diesen Thatsachen schnurstracks entgegen, schon am Abend des vorhergehenden Tages, Samstags den 29. September, die vollständige Inschrift nebst ihrer inhaltlichen und wohl verstandenen Erklärung, ja sogar mit Beifügung ihrer wissenschaftlichen Consequenz in zwei Briefen zur Post gab, fällt eigentlich aller fernerer Streit als gegenstandslos zusammen.

In einem Schreiben an den Regierungs-Baurath Hrn. Seyffarth nämlich (Anlage VI, 1) theilt Hr. Schaeffer mit, dass er am Samstagabend die Spuren der ersten Inschrift gefunden, fügt jedoch schon sofort deren ganze Abschrift sammt Erklärung und die Bemerkung bei, dass er trotz des morgenden Sonntags arbeiten lassen müsse. In einem fernern Schreiben (Anlage VI, 2) erhält Hr. Bibliothekar Schömann in Trier dieselbe Nachricht mit der ausdrücklichen Angabe, dass es der Samstagabend sei, an welchem man die Inschrift gefunden habe. Zugleich findet die Freude ihren Ausdruck, Hrn. v. Wilmowsky durch diesen Fund glänzend mit seinem Urtheil gerechtfertigt zu sehen, nachdem Prof. Hübner sich so arrogant über dessen Pilonius[1])

---

1) Es ist hier von dem Aufsatze Hübners: „Zu den römischen Alterthü-

geäussert hätte. Beide Briefe sind datirt, der eine vom 29/30. Sept., der andere vom 29. Sept., und heben im Texte ausdrücklich den **Samstagabend** als Schreibezeit und den morgenden Tag als **Sonntag** mit dem Bemerken hervor, dass „es schon 12 Uhr Nachts" und dass „Mitternacht vorbei" sei. Diese Zeitbestimmungen im Brieftexte würden jeden Irrthum in der Datirung, fände sich ein solcher vor, leicht controliren und erkennen lassen [1]). Wenn desshalb Hr. Schaeffer im Bestreben, Fundzeit und Fundmeldung in Einklang zu bringen, jetzt nach fast 4 Jahren ohne alles Bedenken ganz naiv behauptet [2]): „er habe schon in der Untersuchung im November 1866 dem Baurath Seyffarth nachgewiesen, dass er den vom 29/30. Sept. datirten Brief am 30. geschrieben, als der Bote P. Reuter Morgens 9 Uhr einen gleichen Brief an den Landrath von Saarburg trug und dass er in der Hast und sich nicht erinnernd, welches Datum das richtige sei, 29./30. beide Datum darauf setzte" — so passirt ihm nur das Unglück, dass er, des Briefinhaltes inzwischen vergessend, den angerufenen Sonntagmorgen des 30. Sept. selbst durch die kühnste Dialektik nicht in Einklang zu bringen vermag mit den klaren Behauptungen der Briefe selbst, dass **Mitternacht vorbei und morgen Sonntag sei**.

Gibt es nun nach diesem missglückten Versuche, beide Briefe auf den Sonntagmorgen zu verlegen, für Hrn. Schaeffers schon am Samstagabend bestehende intime — bis zur Beweiskraft für den Prätorianischen Tribunen Pilonius reichende — Kenntniss [3]) der erst Sonn-

---

mern von Trier" in den Jahrb. d. V. v. A. XL p. 1 ff. die Rede, in welchem derselbe die Abhandlung des Domcapitulars v. Wilmowsky „Das Haus des Tribunen M. Pilonius Victorinus in Trier" im Jahresbericht der Gesellschaft für nützl. Forschungen über die Jahre 1863 und 1864 bespricht und seine abweichende Ansicht über die Inschrift des Mosaikbodens darlegt. Diese Briefstelle ist noch um deswillen ganz besonders zu vermerken, weil bekanntlich Th. Mommsen, ohne von derselben Kenntniss zu haben, behauptete, die zweite Inschrift sei ein nach der Mosaikinschrift erzeugter Bastard.

1) Wenn Hr. v. Wilmowsky, a. a. O. p. 3 sagt. Hr. Schaeffer habe ihn am 31. Sept. Abends von der am Morgen freigelegten Inschrift benachrichtigt, und wenn in der Anlage IV sogar für den 29. der 22. Sept. angegeben wird, so sind das offenbare Schreibfehler.

2) Trierische Zeitung Nr. 75 v. 30. März 1870.

3) Bemerkenswerth ist, dass Hr. Schaeffer schon in seinem vom 4. Oct. datirten Bericht über den Fund der 1. Inschrift (vgl. Anl. IV, Bf. 4 i. d. N.) in dieser sofort eine Aufklärung für die Inschrift der Igelsäule erkennt.

tags gefundenen 1. Inschrift eine andere Erklärung, als dass er sie selbst fälschte und nach Abfassung der sie verkündenden Briefe noch in der nämlichen Nacht auf die Mauer brachte? Dass die Briefe der Aufmalung vorangingen, ergibt sich übrigens schon aus dem Texte selbst mit Wahrscheinlichkeit. Während hier, wie zu sehen, die mitgetheilte Inschrift dreizeilig niedergeschrieben ist, stellt sie sich auf der Wand vierzeilig dar. Ist es wol glaublich, dass Hr. Schaeffer eine auf der Wand vierzeilig von ihm vorgefundene Inschrift ohne Trennungszeichen dreizeilig abschreibt, oder liegt die Annahme nicht viel näher, dass er jene dreizeilig concipirte, durch den Mangel der erforderlichen Mauerbreite aber vierzeilig umgestalten musste? [1])

Seine Vertheidiger — wenn es deren noch gibt — werden vielleicht versucht sein, zu sagen, Hr. Schaeffer habe ja doch schon am Samstagabend Buchstaben erkannt (Anl. I, Z.1); auch seien solche von den Zeugen Saillet und Toussaint gesehen worden. (Anl. I, Z. 9 und 13.) Nun gut, es waren in jedem Falle nur einzelne, sogar nur 3 Buchstaben einer über 50 Buchstaben enthaltenden vierzeiligen Inschrift. Wenn nun auch Hr. v. Musiel, der zufällige Zeuge der Ausgrabung vom Samstagnachmittag, nicht erklärte, er habe deren keine gesehen (Anl. I, Z. 14), ebenso der Zeuge Toussaint seine frühere Wahrnehmung dreier Buchstaben nicht ausdrücklich widerriefe (Anl. I, Z. 13 und III, Z. 6), Saillet, Toussaint und Reuter nicht durch die einstimmige Verlegung des Inschriftfundes auf den Sonntagmorgen (Anl. I, Z. 9, 10 und 13) diesen Buchstaben alle und jede Bedeutung nähmen, und wir deren Sichtbarkeit am Samstagabend schon ohne Weiteres gelten lassen und gar glauben wollten, was nach Lorenzers eidlicher Deposition Hr. Schaeffer zu diesem äusserte: „er sei in der Nacht mit einer Laterne an Ort und Stelle gegangen und habe die gemachte Entdeckung weiter verfolgt" (Anl. V), so ständen doch Hrn.

---

1) Dass die Inschrifttexte beider Briefe statt domum fälschlich domus haben, sei nur desshalb hier constatirt, weil seltsamer Weise auch die erste Veröffentlichung der Inschrift in der Trier. Ztg. Jahrg. 1866 Nr. 233 diese Lesart enthielt und vielfach behauptet wurde, dass in der Originalinschrift selbst jener Fehler erst nach seiner Urgirung verbessert worden. In ähnlicher Weise brachte die erste briefliche Mittheilung (Anl. IV. Br. 5) und Veröffentlichung (Trier. Ztg. ebendas. Nr. 245) der 3. Inschrift fondatum statt fundatum, wie es das von Hrn. v. Wilmowsky mitgetheilte Facsimile noch nachweist. Nur durch spätere Verbesserung der Originalinschrift kann aus dem ursprünglichen o das jetzige v entstanden sein.

Schaeffers eigene erste wie letzte Aussagen der Annahme von der Auffindung der Inschrift am Samstagabend auf das Bestimmteste entgegen²). Wie sollte es auch möglich sein? Hr. v. Musiel erklärte mir ausdrücklich, er habe Hrn. Schaeffer bis zur Dunkelheit im Auge behalten; um 12 Uhr aber waren schon die Briefe mit den Abschriften, Uebersetzungen und Erörterungen geschrieben: also hätte der gewandte Bildhauer in wenigen Stunden die Inschrift aufgraben, abschreiben, zuwerfen, entziffern und in zwei Briefen mittheilen müssen!

Wäre dies nun aber auch möglich und nähmen wir es als wirklich geschehen an, dann erschiene die Wiederverschüttung und Wiederauffindung der Inschriften am Sonntagmorgen als eine ganz unverständliche Comödie; indess ist es, wie gesagt, unnöthig, diese Frage zu behandeln, da Hrn. Schaeffers Aussagen sie durchaus ausschliessen. Es wird ihm daher nicht gelingen, den Widerspruch der unumstösslich erst am Sonntagmorgen geschehenen Aufgrabung der 1. Inschrift mit deren brieflichen Mittheilung am Samstagabend aufzulösen und so lange dies nicht geschieht, lassen beide Momente keinen Zweifel darüber bestehen, **dass die vorräthig gehaltene 1. Inschrift in der Nacht brieflich**

---

2) Die älteste und erste Auslassung befindet sich nämlich in einem Protocoll (Anl. IV), welches von Hrn. Schaeffer vor der amtlichen Vernehmung privatim mit einzelnen Arbeitern am 19. November vereinbart wurde offenbar zu dem Zwecke, sich dadurch der spätern Aussagen dieser Personen zu versichern, und das gewiss den Wünschen seines Veranlassers durchaus entsprach. Es besagt, dass Hr. Schaeffer am Samstagabend noch die Frage aufstellte, ob die gefundenen Spuren schriftartiger Malerei vielleicht eine Inschrift seien; ferner dass sich erst am andern Morgen bei der Bloslegung der Wand nach zweistündigem Graben nach und nach Buchstaben zeigten.

Das amtliche Protocoll vom 20.—22. Nov. (Anl. I) entspricht diesen Aussagen. Saillet sagt: Als die Herren (v. Musiel und seine Freunde) sich entfernt hatten, ging ich mit Schaeffer und Toussaint wieder nach der fragl. Stelle hin und wir legten für den Fall eines Regens während der Nacht zum Schutz des Verputzes Rasenstücke darauf. Des andern Morgens zeichnete Schaeffer die blosgelegte Inschrift durch.

Toussaint: Als die Arbeiter zu graben anfingen (am Sonntag Morgen), entfernte ich mich; nach Verlauf von 2½ Stunden kam Schaeffer zu mir und erzählte mir, dass sie an der fraglichen Stelle eine schöne Inschrift aufgefunden hätten.

Reuter: Es war an einem Sonntag, als Schaeffer zu mir kam und mich fragte, ob wir arbeiten dürften, da er etwas Wichtiges zu entdecken hoffe.

Vgl. die letzte Aussage in Nr. 75 d. Trier. Ztg. von 1870, worin es in Bezug hierauf heisst: Es ist ja aber auch schon damals festgestellt worden, dass sich schon Abends bei der Dämmerung Schriftzeichen zeigten etc.

mitgetheilt, dann auf die in der Böschung von Lorenzer blosgelegte Wand aufgemalt, mit hineingeschobenem Schutt verdeckt, und endlich Sonntags gefunden wurde.

Auffälliger noch ergibt sich der Beweis der Fälschung für die 3. Inschrift[1]). Bereits in einem der vorgefundenen Protocolle befand sich die Mittheilung Lorenzers, dass Hr. Schaeffer am Abend vor dem Auffinden der 3. Inschrift den Arbeiter Kiefer zum Zurücklassen der Schüppe und den Arbeiter Schattel zum Wachehalten in der Nähe des Rundbaues veranlasst und ersterm Verschwiegenheit darüber anempfohlen habe. (Anl. II, Z. 2.) Beide Zeugen, hiernach befragt, bestätigten dies (Anl. III, Z. 3 und 4) und Kiefer bemerkte, dass seine Schüppe und Hacke am andern Morgen mit schwarzer Farbe beschmutzt gewesen sei. Aber derselbe eröffnete noch Weiteres. Vom Leiter des Verhörs in üblicher Weise befragt, ob er sonst noch etwas auszusagen wisse, erwiederte er mit unverkennbarer Erregung: „Ja wol, dass die 3. Inschrift gar nicht vorhanden war" und erläuterte dies dahin, dass man nach dem Funde der 2. Inschrift die ganze Mauerfläche des Rundbaues bis über die letzte Inschrift am Fontainenbild hinaus blosgelegt, ohne auch nur die Spur einer Inschrift zu finden und dann die Grube wieder zugeworfen habe. Nach einiger Zeit[2]) sei nun die gleiche Stelle abermals aufgedeckt worden (am Tage nämlich jenes Abends, wo Schaeffer ihn zum Zurücklassen der Schüppe und den Schattel zum Wachestehen veranlasste) und Tags darauf die (von einem Arbeiter vorher weder gesehene noch ausgegrabene) Inschrift dagewesen. Es ist dieselbe, welche Hr. v. Wilmowsky, plötzlich hinzukommend, reinigte.

---

1) Von der 2. Inschrift ist an und für sich weniger die Rede, weil sie nicht auf der Mauerfläche gefunden, sondern nur in einzelnen Fragmenten im Schutte aufgelesen wurde. Ueber dieselbe ist mir Näheres nicht bekannt geworden. Sie wird im 3. Briefe v. 4. Oct. annoncirt und im 4. undatirten Briefe, der wahrscheinlich am 6. Oct. geschrieben ist, mitgetheilt. Die Trier'sche Zeitung bringt sie in Nr. 238 am 9. Oct. Vgl. Anlage VI, Bf. 4.

2) Durch den zwischen dem Funde der 1. und 3. Inschrift liegenden, unerklärlich langen Zeitraum veranlasst, fragte Hr. Baurath Seyffarth schon im 1. Verhör Hrn. Schaeffer, „wie es komme, dass zwischen der Auffindung der 1. und 3. und 4. Inschrift ein Zeitraum von 14 Tagen verflossen, da die Inschriften doch in geringer Entfernung von einander sich vorgefunden hätten" und erhielt die Antwort, dass die Nachgrabung an dieser Stelle von den Eigenthümern nicht eher gestattet worden sei. Die Mittheilungen in Anlage VI, Bf. 4 widerstreiten indess vollständig der Angabe einer so langen Behinderung, die darnach nur von einem Tage zum andern dauerte und sich nunmehr als fingirt herausstellt.

Gleichwie das Zeugniss des Reuter über die 1. Inschrift durch die Aussagen der andern betheiligten Arbeiter seine Controle erhielt, so suchte ich auch jetzt die Kiefer'sche Angabe durch die Vernehmung der mit ihm zugleich beschäftigten Leute zu prüfen und fand dieselbe Uebereinstimmung. Nach dem amtlichen Protocolle (Anl. I, Z. 12) war P. Reuter Sohn nämlich mit Kiefer gleichzeitig beschäftigt gewesen; er musste also dasselbe Wissen des Vorgefallenen besitzen. Sein merkwürdiges Zeugniss (Anl. III, Z. 5) belehrt uns nicht allein, dass die Mauerfläche bei ihrer ersten Aufdeckung keine Inschrift zeigte und diese erst später nach der zweiten Bloslegung an derselben Stelle vorhanden war, sondern besagt auch, dass die Mauer desshalb plötzlich wieder zugedeckt wurde, weil nicht Jeder andern Tags, wo auf einem Dampfschiffe eine Gesellschaft von Trier zur Besichtigung der Funde anlangte, das Fontainenbild sehen sollte [1]). Es war dies Sonntag den 7. October. Bemerkt werden muss auch hier, wie Lorenzers eidliche Aussage (Anlage V) sich vollständig bestätigend verhält. Ob man der darin weiterhin referirten Aeusserung Schaeffers, »es ist bald Zeit, dass wir mit dem Inschriftenfinden nachlassen, sonst haben sie keinen Werth mehr«, Bedeutung beimessen will oder nicht, ändert an den entscheidenden Thatsachen nichts. Die Thatsachen aber schliessen hier jeglichen Zweifel aus.

Ueber die als Dedicationstafel am Nordportal des Hauptbaues bezeichnete Steininschrift, welche in zwei Stücken am 31. October und 1. December 1866 gefunden und von Brambach und Mommsen für eine noch derbere Fälschung als die Wandschriften erklärt wurde [2]), weil sie die Kenntniss der in den Trierer Zeitungen, besonders von Hrn. Leonardy, gegebenen Ausführungen voraussetzte [3]), nur wenige Worte.

---

1) Ich darf an dieser Stelle die wiederholte Privatmittheilung des Hrn. Seyffarth nicht unterdrücken, wonach Hr. Schaeffer ihm gelegentlich der Rückkehr der Trierer Gesellschaft auf dem Dampfschiffe bemerkte, er habe Spuren noch einer 3. Inschrift entdeckt. Hr. Seyffarth hielt ihm das Unbegreifliche seines Benehmens vor, dass er an Ort und Stelle hiervon geschwiegen habe und nunmehr erst, wo es zu spät sei eine Ueberzeugung durch den Augenschein zu gewinnen, dies melde. Der so vorsichtig als auffällig angekündigte Fund trat kurz darauf ans Tageslicht. Auch brieflich (Anl. VI, Bf. 4) wurden schon die Spuren weiterer Schrift am 4. Oct. annoncirt, indess dieselbe erst am 14. Oct., als vorgestern gefunden, (Anl. VI, Bf. 5) vermeldet. Wie ist dies möglich?

2) Vgl. den Fundbericht in Nr. 270 und 274 der Trier. Ztg. von 1866.

3) Besonders in Nr. 243 der Trier. Volkszeitung von 1866; vgl. Anl. VI, Bf. 7 und 8.

Wie bei der ersten und zweiten Inschrift, beginnt auch hier das Wunderliche damit, dass Hr. Schaeffer wiederum das Vorhandensein von Buchstaben verkündet resp. vermuthet, ehe solche ersichtlich sind. Hr. v. Wilmowsky, der für diese Inschrift die hauptsächlichsten Zeugenverhöre mittheilt, lässt jedoch die gerade hierauf bezügliche Stelle aus. Sie befindet sich (Anl. I, Z. 1) in der Schaeffer'schen Aussage und lautet:

»Bei näherer Besichtigung desselben (des Steins) vermuthete ich an seiner Form, dass unter der Kalkkruste, mit welcher er überzogen war, Schriftzeichen oder Ornamente — genau konnte ich es damals nicht bestimmen — sich befinden könnten.«

Einer sorgfältigen Prüfung der auf den Fund der Steininschrift und zwar des ersten Hauptstückes bezüglichen Zeugenaussagen muss es nun sofort auffällig erscheinen, dass die Stunde nicht angegeben ist, wann der Stein in die Schaeffer'sche Behausung getragen wurde, um danach festzustellen, wie lange derselbe bis zu seiner Reinigung sich in den Händen des Hrn. Schaeffer befand. Wolweislich sagt dieser selbst, der Stein sei nur in die Nähe seiner Wohnung getragen und sofort gereinigt worden. Das ist aber durchaus unwahr. Aus dem Zeugniss von Schaeffers Helfershelfer Saillet (Anl. I, Z. 9), sehen wir schon, dass dieser den Stein nach der Schaeffer'schen Wohnung trug; aus dem Zeugnisse Reuters (Anl. I, Z. 10), dass letzterer ihn erst um 3 Uhr Nachmittags reinigte. Es kommt also nun noch darauf an, die Stunde festzustellen, in welcher Saillet den Stein ins Haus hinübertrug. Die dieserhalb von mir angestellten Erkundigungen ergaben auf das Bestimmteste, dass es gegen 9 Uhr Morgens am Allerseelentage während des Hochamtes geschah und dass die Reinigung Nachmittags zwischen 3 und 4 Uhr stattfand. (Anl. III, Z. 1.) Hr. Schaeffer besass mithin den Stein wenigstens 6 Stunden zu ganz freier Disposition. Ob man in 6 Stunden auf unserm einheimischen Sand- oder Kalkstein einige 30 Buchstaben zu meisseln vermag, bleibe dahin gestellt, handelt es sich hier doch keineswegs um solchen, sondern um den wegen seiner Dauerhaftigkeit und Leichtigkeit der Bearbeitung bekannten römischen Jurakalk, auf dem eine geübte Hand Schriftzüge ohne Schwierigkeit einzuschneiden im Stande ist. Und dass wir es mit einer sehr geübten Hand, mit einer Gewandtheit in Herstellung von Buchstaben zu thun haben, die sofort Verwunderung erregte, wird ausdrücklich bezeugt[1]). Beide Um-

---

1) Hr. Baurath Seyffarth war Zeuge, wie Hr. Schaeffer eine Kiste signirte,

stände zusammen genommen, lassen die 6 Stunden wahrlich als hinreichend für die Anfertigung der Inschrift, ja sogar als genügend erscheinen, um auf der Steinfläche Trass- oder Cement-Mörtel antrocknen zu lassen, selbst wenn der Stein nicht, wie vermuthet wird, auf dem Feuer war. Gerade auf Cement-Mörtel aber lässt die Farbe schliessen, welche der Zeuge Reuter — „der am Stein befindliche Mörtel hatte eine grauartige Farbe" — bezeichnete.

Fasst man die beiden Stein-Fragmente, die unmittelbar aneinander schliessen und ein Ganzes bilden sollen, scharf ins Auge, so wird man eine erkennbare Verschiedenheit der Buchstabenform nicht wegläugnen können. Der Verfertiger hat offenbar das grössere Stück vom 31. Oct. nicht mehr vor Augen gehabt, als er das kleinere vom 1. Dec. bearbeitete. Die Buchstaben auf letzterm sind desshalb wider Willen magerer ausgefallen. Betrachtet man weiterhin das erste Buchstabenfragment dieses Stückes 1, so ist gar keine Möglichkeit vorhanden, dasselbe als Schluss eines N, nämlich des N von dem Namen NERVA, anzusehen, da jeder Ansatz des Querstrichs fehlt [1]).

Wenden wir uns nach dieser sich von selbst darbietenden Aneinanderfügung der die Fälschung der Venniger Inschriften ergebenden Beweismittel, zur Prüfung des Werthes der letztern, besonders der Zeugenaussagen, so ist die auffällige Erscheinung nicht zu verkennen, dass die Zeugen nicht von vorn herein mit der vollen und ganzen Wahrheit auftraten. Die Gründe dieser Zurückhaltung ergeben sich dem mit den Verhältnissen in Nennig nur einigermassen Vertrauten aus diesen ganz von selbst; ich halte mich desshalb verpflichtet, auch hierüber einige Worte zu sagen. Als Hr. Schaeffer nach Nennig kam, verbreitete er sofort einen Nimbus unglaublicher Machtfülle um sich. Es waren nicht allein die Diamantringe und Busennadeln fürstlicher Geschenke, die angeblichen vielfachen Beziehungen zu Königen und Königinnen, die ihm Ansehen verschafften,

---

und sprach ihm seine Verwunderung über die erstaunliche Geschicklichkeit und Schnelligkeit aus, womit derselbe grosse lateinische Buchstaben aus freier Hand aufzumalen verstand.

1) In Ermanglung unzweideutiger Beweisstücke bleibt es dahin gestellt, ob die kleinere Steinhälfte in Fett gelegen (vgl. Anl. VI, Bf. 9), und ob, wie behauptet wird, eine oder beide Platten auf dem Heerde im Feuer geschwärzt wurden. Notorisch schwitzt das grössere Steinfragment noch heute — also nach 4 Jahren seit seiner Auffindung — aus, weshalb eine chemische Untersuchung desselben wol empfehlenswerth erscheint.

sondern vor Allem das colportirte Gerücht, es handle sich bei Hrn. Schaeffers Anwesenheit in Nennig mehr um Berichterstattung über Zustände und Personen im Kreise Saarburg als um die Ausgrabung der dortigen Alterthümer. Die sofort durch die Denunciation des Hrn. Schaeffer bewirkte Absetzung des bisherigen Bürgermeisters von Nennig illustrirte diesen Glauben in ebenso plötzlicher als drastischer Weise. Andere Personen waren durch in Aussicht gestellte Begünstigungen der Kgl. Regierung für Hrn. Schaeffers Interesse vollständig gewonnen. Ihre Namen zu nennen, würde rücksichtslos erscheinen. Als unter solchen Umständen die Catastrophe über den gewandten Bildhauer hereinbrach, Untersuchungen wegen anderweitiger Vergehen mehrfach begannen, verbreitete sich das seines Eindrucks sichere Gerücht, mit Hrn. Schaeffers Fall würden alle Ausgrabungen sofort eingestellt werden und der bisherige schöne Geldverdienst wegfallen. Unter der Macht dieser Verhältnisse begann am 20. Nov. 1866 die amtliche Vernehmung der Arbeiter. Da griff der bedrohte Bildhauer schleunigst zu der Vorsichtsmassregel, am Abend des 19. Nov. die Hauptzeugen durch Privatprotocolle in ihren Aussagen zu binden. Von diesem Protocolle, welches also der Zeit nach das älteste ist, habe ich das in meine Hände gelangte Stück in der Anlage IV abdrucken lassen.

Konnten nun wol dieselben Personen, nachdem sie sich mit Hrn. Schaeffer eingelassen, bei der amtlichen Vernehmung anders sprechen als Tags zuvor? Berücksichtigt man noch, dass die jüngern Arbeiter theilweise zu Hrn. Schaeffer in Beziehungen gestanden, welche zu gleicher Zeit Gegenstand einer strafrechtlichen Verfolgung waren, so wird man leicht begreifen, dass sie nur mit der grössten Befangenheit, Scheu und Zurückhaltung reden konnten. Wenn diese Zurückhaltung nun auch jetzt nach Verlauf von 4 Jahren nachgelassen und die letzten Zeugenaussagen (Anl. III) desshalb weiter gehen als die frühern, so bin ich doch der festen Ueberzeugung, dass die Nenniger Arbeiter noch immer nicht die ganze Wahrheit gesagt und dass besonders Personen, welche, wie Toussaint, durch Zusammenwohnen und intimen Umgang mit Hrn. Schaeffer über den vollständigen Hergang auf das Genaueste unterrichtet sein müssen, sich noch fortdauernd an ihre frühern Aussagen zu sehr gebunden erachten, um die uneingeschränkte Wahrheit an den Tag treten zu lassen[1]).

[1] Leider gestatteten die gesetzlichen Vorschriften weder für die erste, noch für die zweite amtliche Vernehmung eine Vereidung der Zeugen, die zweifelsohne der ganzen Untersuchung von vorn herein ein anderes Ergebniss gesichert haben würde.

Diese sachgemässe Prüfung der Oeffentlichkeit zu übergeben, habe ich für meine Pflicht gehalten, muss es aber entschieden abweisen, auf Erörterungen und Angriffe in Zeitungen denen Antwort und Berücksichtigung zu gewähren, welche, wie die Trierer Volkszeitung, unwürdige Beschuldigungen [1]), oder, gleich der Gesellschaft für nützliche Forschungen zu Trier, anmassende Aufforderungen [2]), oder endlich, wie Hr. v. Wilmowsky, grobe Unwahrheiten in leidenschaftlicher Ausgelassenheit vorbringen [3]). Wenn Hr. v. Wilmowsky fragt: »Wozu doch

[1]) Kaum war ich in Nennig angelangt, als die Trierer Volkszeitung (Jahrg. 1869 Nr. 249) sich sofort bereit zeigte, meine Leitung der Ausgrabungen mit angeblichen Zerstörungen der Inschriften durch einzelne Besucher zusammenzubringen. Zur Abweisung dieser Insinuation vgl. ebendas. Nr. 255.

[2]) In Nr. 54 der Kölnischen und Nr. 52 der Trierischen Zeitung von 1870 fordert der Vorstand der Gesellschaft für nützliche Forschungen mich durch Annonce auf, die vorgeblichen urkundlichen Beweise der Fälschungen der Nenniger Inschriften, welche bei der Winckelmannsfeier vorgelegt worden sein sollen, sofort zu veröffentlichen. Abgesehen von der wenig schicklichen Form dieser Aufforderung ist nicht erfindlich, auf welches Recht sich dieselbe gründen soll! Zum Winckelmannsfeste war in vier öffentlichen Blättern eingeladen worden und es also jedem anheimgestellt, dorthin zu kommen. Wer verhindert war zu erscheinen, fand, wie dies ausdrücklich erklärt wurde, die der Versammlung gemachten Mittheilungen im nächsten Jahrbuche. Die verehrte Trierer Gesellschaft hat wol selbst von ihrem dictatorischen Verfahren wenig Erfolg erwartet.

[3]) Der zur Sache ganz unerheblichen Erklärung des Hrn. v. Wilmowsky in der Augsb. Allg. (Jahrg. 1870 Nr. 81) und Köln. Ztg. (Jahrg. 1870 Nr. 76) habe ich in den nämlichen Ztgn. (Nr. 89 und Nr. 80) ihre Abfertigung gegeben. Da ich principiell nicht auf den Inhalt der Erklärung einging, so muss ich an dieser Stelle nochmals darauf zurückkommen, um zu bemerken, dass die Behauptung, meinerseits werde das Publikum mit Vorwänden hingehalten, gleich jener, Hr. v. Wilmowsky habe bisher zu meinen Aeusserungen in den Jahrbüchern geschwiegen, der Wahrheit entbehrt. Meine im Oct. bis Dec. v. J. vorgenommene Prüfung der Echtheit der Nenniger Inschriften ward in einer Versammlung, zu der, wie gesagt, alle Interessenten in vier Zeitungen wiederholt eingeladen wurden, am 9. Dez. v. J. dargelegt. In diesem Vortrage, der bald nachher auszugsweise in Nr. 58 Jahrg. 1870 der Rhein. Allg. Ztg. erschien, wurde ausdrücklich bemerkt, dass alles über die Nenniger Inschriftenfälschung Vorgebrachte im nächsten Jahrbuche seine Veröffentlichung finden sollte. Wie kann man also hier von einem Hinhalten des Publikums reden? Und hat doch Hr. v. Wilmowsky selbst seine Vertheidigung der Nenniger Inschriften erst 2 Jahre nach ihrer Auffindung erscheinen lassen. — Die zweite Behauptung ist gegenstandslos, da es in den Jahrbüchern überhaupt keine Aeusserungen oder Angriffe meinerseits gibt, geschweige denn solche ohne meine Namensunterschrift. Die Ueberhebung des Tons in der Erklärung richtet sich durch sich selbst.

Invectiven? Warum sich von Unmuth gegen Andere hinreissen lassen, weil sie nicht der Behauptung der Fälschung beipflichten können? Warum nicht eingestehen wollen, dass man sich übereilen und irren kann?« [1]) und mich gleich darauf ohne Bedenken und ohne jeglichen Versuch eines Beweises der Unaufrichtigkeit zeiht, so darf man wol die Frage zurückgeben, ob Hr. v. Wilmowsky[2]) selbst von Anfang an in dieser Sache ausschliesslich nur für »Wahrheit, Recht und Aufrichtigkeit« eintrat!

1) Bonn. Jahrb. d. V. v. A. XLVIII p. 190.

2) In seiner neuesten Schrift „Die römischen Moselvillen zwischen Trier und Nennig. Trier 1870" p. 1 sagt Hr. v. Wilmowsky, er zögere mit der Veröffentlichung seiner Schlussarbeit über die Villa zu Nennig nur desshalb, weil der Vorstand unseres Vereins in seinen Jahrbüchern wiederholt erklärt habe, dass er die Ergebnisse der letzten Ausgrabungen bald herausgeben werde. Um den Schein unfreundlichen Zuvorkommens zu vermeiden, stehe er zurück, nur sei zu wünschen, dass der Vereinsvorstand seine Arbeit dem Publikum nicht länger vorenthalte. Wo der Vorstand jene Erklärung in den Jahrbüchern abgegeben hat, (die auf die Nenniger Angelegenheit bezüglichen Aeusserungen desselben finden sich XLII p. 223, XLIII p. 225, XLV p. 209, XLVI p. 167, XLVIII p. 199) ist mir nicht bekannt, wohl aber weiss ich, dass derselbe an eine Herausgabe der „Villa" nicht eher denken wird, bis die Ausgrabung ganz vollendet und die auf den frühern Untersuchungen und Ausgrabungen beruhende, ,,schon lange druckbereite" Arbeit des Hrn. v. Wilmowsky erschienen ist. In dem Vorgange des Hrn. v. Wilmowsky vermag der Vorstand ein unfreundliches Zuvorkommen durchaus nicht zu erkennen, da es ihm sogar nothwendig scheint, dass die frühere und controverse Arbeit der spätern und berichtigenden vorausgeht.

E. aus'm Weerth.

Anlage I.

Verhandelt zu Nennig im Schulhause den zwanzigsten November
1800 sechs und sechszig.

In Folge hohen Ministerial-Rescripts vom 3. dieses Monats U. 22236. I begab sich heute der unterzeichnete Baurath Seyffarth in Assistenz des Regierungs-Referendars Bock als Protocollführer hierher, um die Umstände, unter welchen die Inschriften bei den Ausgrabungen der römischen Villa bei Nennig aufgefunden sind, festzustellen durch Vernehmung derjenigen Personen, welche dabei betheiligt waren. Die dieserhalb vorbeschiedenen Personen erklärten demnächst, zur Aussage der Wahrheit ermahnt, Folgendes zu Protocoll.

1. Zeuge.

Ad generalia: Ich heisse F r i e d r i c h H e i n r i c h S c h a e f f e r, bin 29 Jahre alt, Bildhauer, wohnhaft zu Trier, dermalen zu Nennig mich aufhaltend, von der Königlichen Regierung mit der Leitung der Ausgrabungen beauftragt.

Zur Sache.

In der Woche vom 22. bis 29. September dieses Jahres ertheilte ich den beim Ausgraben beschäftigten Arbeitern den Auftrag, in den Bädern durch Versuchsgräben eine Wasserleitung wieder aufzunehmen. Bei diesem Nachgraben stiess der Arbeiter Christoph Lorenzer auf eine dem Anscheine nach dicke Mauer. Nachdem das Weitergraben an dieser Stelle einen halben Tag fortgesetzt war, zeigte sich, dass die Mauer schönen Verputz und etwas runde Form hatte. Als der Graben 3 bis 4 Fuss tief gemacht war, wurde ich hinzugerufen und ich bemerkte, dass der Verputz roth, mit Lehm und Kalkschutt, aus welchem Theilen die Bodenschichte an der fraglichen Stelle besteht, dagegen stark beschmutzt war. Ich empfahl den Arbeitern sofort die grösste Behutsamkeit an und traf die Anordnung, dass ein Theil des Bodens stehen bleiben sollte, damit der Verputz, der sehr mürbe war, nicht herunter falle, da ich die Erfahrung gemacht hatte, dass dieses in einem ähnlichen Falle geschehen war. Mittags gegen halb 4 Uhr kam der Baron de Musiel zu mir; ich begleitete denselben auf die Baustelle und bei dieser Gelegenheit meldete mir Saillet, der in meiner Abwesenheit die Aufsicht führt, dass der Arbeiter Lorenzer in den 4 Fuss tiefen Graben noch auf schönern Verputz gestossen sei. Ich begab mich sofort an Ort und Stelle und bemerkte kleine Spuren von Linien und in der Tiefe des Grabens eine gelbliche Verzierung und am oberen Rande einen ca. 3 Finger breiten Rahmen von einem Bilde, am Ende des Grabens ein Zeichen in der Form eines lateinischen S. Der Verputz war mürbe und bröckelig. Ich nahm darauf von dem Weitergraben Abstand, da das Ende der Arbeitsstunde herangenaht war und entliess die Arbeiter.

Es war dieses an einem Samstage. Ich beauftragte den Palmatius Toussaint, der in der Nähe dieser Stelle ein Gerbhaus hat, und dort arbeitete, Acht zu haben, dass Niemand ohne meine Aufsicht weiter grabe, da in Nennig das Gerücht sich verbreitet hatte, dass hier ein Schatz aufgefunden worden sei, und, da die Ausgrabungen auf Privatboden stattfanden, solches leicht zu vermuthen war. Noch an demselben Abende, es war noch hell, ging ich mit Saillet nach der fraglichen Stelle. Zu uns gesellte sich auch der Palmatius Toussaint. Letzterer machte mit dem Stocke den Boden, der Etwas unterminirt war, los und ich konnte nun erkennen, dass hier eine Schrift war. Um die Mauer bei einem etwa in der Nacht entstehenden Regen durch das Eindringen des Wassers zu schützen, liess ich dieselbe mit Rasen bedecken. Nachdem ich Tages darauf in aller Frühe gegen 6 Uhr bei dem Herrn Pastor die Erlaubniss zum Weitergraben — es war nämlich Sonntag — eingeholt hatte, wurde das Graben fortgesetzt und die Schrift blossgelegt; sie war schmutzig und hatte eine Lehm- und Kalkkruste. Die Rasen lagen noch am Morgen ebenso da, wie sie Tages vorher hingelegt waren und weitere Ausgrabung von anderer als unserer Seite hatte nicht stattgefunden. Im Beisein des Reuter, Saillet und Schattel habe ich die Schrift mit der Fahne einer Feder zu reinigen gesucht und als dieses ohne Erfolg war, mit Wasser abgespült, wodurch die einzelnen Buchstaben etwas lebendiger und deutlicher hervortraten.

Ich machte sofort dem Herrn Baurath Seyffarth und dem Herrn v. Wilmowsky die Anzeige, damit Jemand hierher kommen sollte, die Schrift aufzunehmen für den Fall, dass man den Verputz nicht lange halten könne. Von dieser Zeit ab liess ich den Reuter und Schattel als Wache hier, um den Andrang des Publikums abzuhalten.

Am andern Tage, des Montags, kam der Herr Baurath Seyffarth in Begleitung des Herrn v. Wilmowsky hierher, um sich die Inschrift anzusehen. Ersterer ertheilte mir den Auftrag, dafür Sorge zu tragen, dass die Inschrift abgenommen werden könnte. Zu dem Ende liess ich die Mauer auf der andern Seite 6 Fuss bloss legen und ein Feuer anmachen, um den Verputz, der mit Nässe durchzogen war, zu trocknen. Gleichzeitig tränkte ich die Schrift und den Mörtel mit Wasserglas, durch Anwendung dieser Mittel wurde der Verputz der Art fest, dass die Ablösung der Inschrift ohne weitere Zerstörung erfolgen konnte. Sofort liess ich dieselbe in das über dem Mosaikboden errichtete und verschliessbare Gebäude bringen, woselbst sie sich noch jetzt befindet.

Auf die an den Zeugen gerichtete Frage, ob es sich mit Bestimmtheit dahin aussprechen könne, dass der Boden bei der jetzigen Ausgrabung an der fraglichen Stelle so beschaffen gewesen, dass auf eine Nachgrabung in neuerer und neuester Zeit nicht geschlossen werden könnte, erklärte derselbe, dass er dieses mit Bestimmtheit könne. Indem die Bodenschichten sich in solcher Reihenfolge vorgefunden hätten, wie sie gewöhnlich bei Zerstörung eines Baues liegen würden, die oberste Schichte bestand nämlich aus dem mit Gras bewachsenen jetzigen Terrain, dann folgte eine zwei Fuss dicke Schichte von durch Bergwasser angeschwemmter Erde mit kleinen Verputztrümmern gemischt; die dritte Schichte war beträchtlich dicker und bestand aus gemaltem Mauerverputz und Trümmermassen, deutlich erkennbaren Bruchstücken von Bildern, und die unterste Schichte, bestehend aus Ziegeln, verbranntem Holz und verrosteten Nägeln, bedeckte ursprünglichen Fussboden.

Einige Tage später nach Auffindung der ersten Inschrift fanden sich bei Vertiefung des vorerwähnten Grabens, etwas nördlicher, an der Stelle, an welcher der Verputz herabgefallen war, eine Anzahl gemalter Verputzstücke, aus denen man durch Zusammenlegung die Fragmente einer Figur erkennen konnte, sowie unter der Schuttmasse die Bruchstücke einer zweiten Inschrift, welche sich zerstreut in der untersten Schuttlage befanden und mit dem Schutt in meiner und Saillet's Gegenwart durch die Arbeiter Kiefer und Reuter Sohn ausgeworfen wurden. Ich liess den Schutt durchsuchen und die einzelnen Stücke auslesen, welche sodann von mir auf einem Stück Mörtel zusammengesetzt ebenfalls nach dem Mosaik-Gebäude gebracht wurden.

Die Arbeiter Reuland, Sauerwein und Schattel haben abwechselnd während der folgenden Tage den Graben auf der Nordseite weitergeführt und den ganzen Rundbau bis auf die stehengelassene Erdsohlchte blossgelegt. Mittags — es war am 12. Oktober — bemerkte ich, dass der Verputz auch Spuren von Farben durchschimmern liess. Ich ordnete an, dass Saillet immer in der Nähe bleiben und Sorge dafür haben mögte, dass an der ganzen Wandfläche Nichts gerieben oder gewaschen würde, bis dieselbe gänzlich blossgelegt sei, des andern Tages war die Blosslegung derselben erfolgt, durch meinen stellvertretenden Aufsichtsführer wurde der dickste Schmutz leicht von der Wandfläche weggenommen, bei welcher Gelegenheit sich Schriftzeichen bemerkbar machten. Herr v. Wilmowsky traf zufällig an demselben Tage in Nennig ein, und reinigte eigenhändig die Wandfläche soviel, dass man sehen konnte, dass eine gut erhaltene Inschrift, ähnlich den frühern auf den rothen Verputz gemalt war. Demnächst habe ich in Gegenwart des Herrn v. Wilmowsky eine Durchzeichnung derselben aufgenommen und die Inschrift selbst bis vor einigen Tagen an Ort und Stelle gelassen, worauf sie mit dem Mörtel abgenommen und in das Mosaik-Gebäude gebracht worden ist.

Tages darauf wuschen der Palmatius Toussaint und ich den übrigen Theil der Wandfläche sehr sorgfältig ab, wo wir neben dem Eingang zur Rotunde ein schlecht gemaltes Bild, eine Fontaine darstellend, bemerkt, welches nach meinem Dafürhalten jedoch aus fränkischer Zeit herrührte. Bei genauer Betrachtung dieser Wandfläche konnte man sehen, dass auch hier ehemals eine Inschrift vorhanden gewesen, von welcher man noch die Buchstaben der ersten zwei Zeilen lesen konnte, die Buchstaben der unteren Zeilen waren jedoch nicht mehr erkennbar.

Auf die Frage wie es komme, dass zwischen der Auffindung der ersten, dritten und vierten Inschrift ein Zeitraum von 14 Tagen verflossen, da die Inschriften doch in geringer Entfernung von einander sich vorgefunden hätten, erklärte der Zeuge, dass die dritte und vierte Inschrift sich auf einer zwei verschiedenen Eigenthümern zugehörigen Parcelle vorgefunden hätten und von Letztern die Nachgrabung nicht eher gestattet worden sei, weil ein gewisser Schillard aus Sierk diese Grundstücke käuflich an sich zu bringen suchte und auf seine Kosten die Nachgrabungen ausführen wollte.

Erst durch Vermittelung des Königlichen Herrn Landraths zu Saarburg liessen sich diese Privateigenthümer bewegen, die Erlaubniss zu ertheilen, worauf denn auch die Nachgrabungen sogleich fortgesetzt und diese Inschriften entdeckt wurden.

Nachdem die Ausgrabungen des südlichen Theiles der Villa vollendet waren, wurden dieselben auf der nördlichen Seite der Villa begonnen und mit Genehmigung der an das fiskalische Terrain anstossenden Privateigenthümer behufs Aufdeckung des ganzen Grundrisses der Villa auf der Letztern Eigenthum ausgedehnt. Bei Verfolgung einer aufgefundenen Mauer auf das Grundstück des Peter Lauer, nördlich des fiskalischen Eigenthums wurde ich durch Reuter aufmerksam gemacht, dass an der Stelle, wo der Taglöhner Mathias Eiles in Gemeinschaft mit einem andern Taglöhner arbeitete, ein Stein mit Profilirung gefunden worden sei. Derselbe soll nach der Aussage des Reuter in einer Tiefe von 5 Fuss gelegen haben. Bei näherer Besichtigung desselben vermuthete ich an seiner Form, dass unter der Kalkkruste, mit welcher er überzogen war, Schriftzeichen oder Ornamente — genau konnte ich es damals nicht bestimmen — sich befinden könnten. Es war am 31. October Nachmittags. Wegen des Tages darauf folgenden Feiertages liess ich den Stein vorläufig die Seite legen und am Tage nach dem Feiertage — am Allerseelentage — durch Saillet in die Nähe meiner Wohnung bringen, woselbst sofort durch den Aufseher Reuter in meiner und Toussaints Gegenwart die Reinigung mit heissem Wasser vorgenommen wurde. In Folge derselben zeigte sich eine sauber eingehauene Inschrift. Das ganze Steinfragment trug deutliche Spuren, dass es früher dem Feuer ausgesetzt war, wodurch auch einzelne Buchstaben der Inschrift beschädigt waren. Nach vollzogener Reinigung wurde es sofort nach dem Mosaik-Gebäude gebracht.

Hierzu füge ich noch die Erklärung, dass eine Nachgrabung in neuerer oder neuester Zeit an der Stelle, wo diese Inschrift gefunden wurde, nicht stattgehabt, was ich daraus schliessen muss, dass, um zu dem fraglichen Steine zu gelangen, eine einer spätern Bau-Periode angehörende Estrichdecke, welche einige Fuss höher, als der Stein, lag, durchbrochen werden musste.

Nach Vorlesung und Gutheissung erklärte Schaeffer, dass er nöthigenfalls bereit sei, diese seine Aussage eidlich zu erhärten, worauf derselbe unterschrieb.

A. u.
gez. Heinrich Schaeffer, Bildhauer. F. Seyffarth. Beck.

Fortgesetzt am Mittwoch den ein und zwanzigsten November 1800 sechs und sechzig.

2. Zeuge.

Ad generalia: Ich heisse Christoph Lorenser, bin 51 Jahre alt, Taglöhner, geboren und wohnhaft zu Nennig.

Zur Sache.

Von Anfang an war ich als Arbeiter bei den Ausgrabungen der Villa, erst in der letztern Zeit bei den Ausgrabungen der Bäder beschäftigt. Ich entdeckte hier eine Stelle, die das Aussehen eines Gewölbes hatte. Beim Durchbrechen des Letztern stiess ich auf einen Kanal, welchen ich weiter nach der Richtung hin verfolgte, wo die erste Inschrift aufgefunden worden ist. Ich fand eine Mauer, welche einen schönen rothen Verputz hatte und wurde mir hierauf von dem Aufseher Schaeffer die grösste Behutsamkeit anempfohlen, damit der Verputz nicht lädirt werde. Gegen Abend 6 Uhr wurde Feierabend gemacht.

Des andern Tages, es war an einem Sonntage, in aller Frühe erschien Schaeffer bei mir und forderte mich zum Weitergraben auf, dem auch keine Bedenken entgegenständen, da er bereits die Erlaubniss des Herrn Pastors eingeholt hätte. Ich ging jedoch nicht mit, worauf sich Schaeffer entfernte. Gegen 9 Uhr trieb mich indess die Neugierde nach der Baustelle hin und ich fand daselbst am Arbeiten den Reuter und Schattel. Reuter sagte mir, dass sie einen Fund gemacht hätten. Gleich darauf kam auch Schaeffer dahin, mit welchem ich nach der Stelle in den Graben ging, wo ich Tages vorher aufgehört hatte zu arbeiten, damals aber Spuren von einer Inschrift nicht bemerkte. Hier sah ich jetzt eine Inschrift und Schaeffer erklärte mir, dass er bereits am Abende vorher einige Buchstaben erkannt, deshalb aber Nichts gesagt habe, weil der Herr Baron de Musiel ebenfalls auf der Baustelle anwesend gewesen sei. Der Verputz war noch ganz derselbe, wie am Tage vorher.

Auf die Frage, ob bei Aushebung des Versuchsgrabens an der Stelle, wo er die Mauer des Rundbaues gefunden, das Terrain noch in seiner natürlichen Beschaffenheit vorhanden gewesen, insbesondere die sehr starke Grasnarbe in irgend einer Weise beschädigt war, die auf eine Ausgrabung in der neuesten Zeit hätte schliessen lassen, erklärte der Zeuge, dass die Grasnarbe sich noch ganz unversehrt vorgefunden, und so lange er sich entsinnen könne, an der fraglichen Stelle keine Ausgrabungen stattgefunden hätten.

Schaeffer überstrich die Inschrift in meiner Gegenwart mit Wasserglas, damit, wie er sagte, dieselbe nicht verblasse.

Nach dieser Zeit habe ich bei den Ausgrabungen noch ungefähr 3 Wochen gearbeitet, während welcher jedoch keine Inschrift an der Stelle, wo ich grade arbeitete, gefunden worden ist, so dass ich über die nähern Umstände, unter welchen die übrigen aufgefunden wurden, persönlich mit Bestimmtheit Nichts bekunden kann.

Nach Vorlesung und Genehmigung erklärte Zeuge, dass er auch bereit sei, diese seine Aussage nöthigenfalls zu erhärten durch einen Eid. Er verlangte für Versäumung Zeugengebühr, welche ihm auf den Fonds der Ausgrabungen angewiesen wurde. Demnächst hat er unterzeichnet.

ges. Christoph Lorenzer. F. Seyffarth. Bock.

3. Zeuge.

Ich heisse Mathias Schattel, bin 22 Jahre alt, Leinweber, geboren und wohnhaft zu Nennig.

Zur Sache.

An einem Samstag Abend, etwas vor der Feierstunde rief mich Lorenzer, in dessen Nähe ich ebenfalls arbeitete, zu sich und sagte mir, dass er beim Graben auf eine Wandfläche gestossen, die, wie ich selbst bemerkte, einen schönen rothen Verputz zeigte. Es war nur eine kleine Stelle sichtbar, da der übrige Theil noch bedeckt war.

Des andern Tages, Sonntag, kam Schaeffer zu mir und forderte mich zum Weitergraben auf. Als ich mit demselben zur Baustelle kam, war Reuter Vater bereits beschäftigt und hatte die Stelle, wo die Inschrift war, bereits blossgelegt. Schaeffer hat dieselbe in meiner Gegenwart mit Wasserglas überstrichen, damit der Verputz, wie er sagte, mehr haltbar würde.

Bei Aufgrabung des Rundbaues nach der Moselseite hin war ich auch beschäftigt, jedoch nicht an dor Stelle, wo die zweite Inschrift aufgefunden wurde.

Schaeffer rief mich nach dieser Stelle hin, wo eine Masse Schutt im Graben lag. Kieffer war mit Auswerfen dieses Schuttes beschäftigt und Niessen, Saillet, Reuter Sohn und ich lasen aus dem ausgeworfenen Schutte diejenigen Verputzstücke hervor, auf denen Buchstaben erkennbar waren, welche nach der Wohnung des Schaeffer gebracht wurden. Ueber den spätern Verbleib kann ich nichts bekunden. Zeichen von Ausgrabungen in der neuesten Zeit waren bei dem Schutte nicht erkennbar.

Kurze Zeit darauf wurde ich mit der Aufdeckung der Mauer des Rundbaues an der Stelle, wo der Verputz abgefallen und die zweite Inschrift sich vorgefunden hatte, in nördlicher Richtung beschäftigt und ich grub weiter, bis ich auf eine Stelle stiess, wo sich röthlicher Verputz zeigte. Hier sagte mir Schaeffer, dass ich mit Weitergraben aufhören möchte und wies mir eine Beschäftigung an einer andern Stelle an.

Es waren hier ebenfalls keine Spuren von Nachgrabungen aus letzterer Zeit vorhanden, vielmehr war die Grasnarbe, mit welcher das ganze brachliegende Grundstück überzogen war, noch vollständig vorhanden. Ueber die nähern Umstände bei Auffindung der übrigen Inschriften kann ich aus persönlicher Anschauung keine weitere Auskunft ertheilen.

Vorgelesen, genehmigt und unterschrieben.
gez. Mathias Schattel. F. Seyffarth. Beck.

4. Zeuge.

Ich heisse Johann Kiefer, bin 19 Jahre alt, Leinweber, geboren und wohnhaft hier in Nennig.

Zur Sache.

Von Anfang war ich als Arbeiter bei den Ausgrabungen der Villa, später bei den Ausgrabungen der Bäder beschäftigt. Eines Tages, denselben kann ich nicht genau angeben, war ich mit Ausgraben beim Rundbau nach der Moselseite beschäftigt, als ich von Schaeffer nach der Stelle, wo die zweite Inschrift gefunden worden ist, gerufen wurde. Hier wies derselbe mir meine Beschäftigung dahin an, dass ich den Schutt aus dem Graben auswerfen sollte, was ich auch that, indem er sagte, dass sich unter demselben Verputzstücke mit Buchstaben, deren er bereits einige gefunden habe, befänden. Auf der Stelle, wo ich den Schutt hinwarf, befanden sich Saillet, Schaeffer, Reuter Sohn und Schattel, welche den Schutt auf Anordnung des Schaeffer behutsam durchsuchten. Sowohl ich habe im Graben, als auch die letztgenannten Personen unter dem Schutte einige Stücke, worauf sich Buchstaben befanden, hervorgebracht, welche demnächst in die Wohnung des Schaeffer getragen wurden. Der Schutt, unter welchem diese Verputzstücke hervorgeholt wurden, war zwar aufgelockert, jedoch nicht neu dahingebracht.

Ueber die übrigen Auffindungen weiss ich mit Bestimmtheit nichts Näheres zu bekunden.

Vorgelesen, genehmigt und unterschrieben.
gez. Johann Kiefer. F. Seyffarth. Beck.

5. Zeuge.

Ich heisse Carl Niesen, bin 42 Jahre alt, Taglöhner, wohnhaft zu Nennig, geboren zu Tawen.

Zur Sache.

Ich bin von Anfang an und auch jetzt noch mit einzelnen Unterbrechungen bei den Ausgrabungen beschäftigt gewesen. Eines Tages, es war an einem Samstage, gegen 4 Uhr kam ich zu Lorenzer, der in meiner Nähe arbeitete; derselbe sagte mir, dass er auf rothen Verputz, wovon ich mich auch selbst überzeugte, gestossen sei. Es war jedoch nur ein kleines Stück damals blossgelegt.

Hierauf begab ich mich wieder nach meiner Arbeitsstelle. Erst des andern Tages, Sonntags, hörte ich im Orte, dass ungefähr an der Stelle, wo Lorenzer mir Tages vorher den rothen Verputz am Rundbau zeigte und daselbst die Weitergrabungen fortgesetzt hatte, eine Inschrift aufgefunden worden sei.

Ueber die nähern Umstände bei Auffindung derselben sowie der späteren Inschriften weiss ich Nichts zu bekunden.

Weder ich weiss, noch habe von andern Personen gehört, dass jemals an dieser Stelle Nachgrabungen angestellt worden sind.

Vorgelesen genehmigt und unterschrieben.
gez. Carl Niesen. F. Seyffarth. Beck.

6. Zeuge.

Ich heisse Johann Sauerwein, bin 39 Jahre, Ackerer, geboren und wohnhaft in Nennig.

Zur Sache.

Ich habe während der Ausgrabungen an verschiedenen Stellen gearbeitet zuletzt auf Anordnung des Schaeffer in dem Graben in nördlicher Richtung hin am Rundbau und zwar mit Tieferlegen desselben. Nach mehrtägigem Graben stiess ich auf ein durch zum Theil bloss gelegten rothen Verputz durchschimmerndes Bild eines Springbrunnens. Ich habe dasselbe demnächst ganz blossgelegt und, von einigen hinzugekommenen Arbeitern aufmerksam gemacht, dass sich oberhalb dieses Bildes Buchstaben zeigten, habe ich mich nach Reinigung des Schmutzes wirklich davon überzeugt.

Aus der Beschaffenheit des Bodens, der ganz fest war, schliesse ich, dass in neuerer Zeit keinerlei Ausgrabungen an dieser Stelle stattgefunden und weiss ich während meines Aufenthalts hier weder aus eignem Wahrnehmen noch durch Hörensagen, dass an der Stelle gegraben wurde.

Ueber die Umstände, unter denen die übrigen Inschriften zu Tage gefördert wurden, weiss ich Nichts zu bekunden.

Vorgelesen, genehmigt und unterschrieben.

gez. Sauerwein. F. Seyffarth. Beck.

7. Zeuge.

Ich heisse Andreas Zschischang, bin 36 Jahre alt, berittener Gensdarm, zu Perl stationirt.

Zur Sache.

Seit dem 14. vorigen Monats wurde ich zur polizeilichen Aufsicht bei den Ausgrabungen von Perl hierher nach Nennig commandirt, insbesondere um die Beschädigungen an den Ausgrabungen, welche vorher mehrfach vorgekommen waren, zu verhüten.

Sämmtliche Inschriften waren bereits aufgefunden mit Ausnahme der Fontaine, welche ich noch mit Schmutz bedeckt sah.

Nachdem diese in meiner Gegenwart durch Schaeffer gereinigt worden war, bemerkte ich über dem Bilde Buchstaben. Ueber die nähern Umstände bei Auffindung desselben ist mir nichts bekannt. Bei meinen Patrouillenritten bin ich häufig vor dem 14. October durch Nennig gekommen und zwar zur Nachtszeit, habe aber niemals bemerkt, dass an dieser Baustelle ausser bei Tage während der Arbeitsstunden gegraben wurde.

Auch habe ich von ältern Leuten hier in Nennig gehört, dass in frühern Zeiten, soweit sie sich erinnern könnten, niemals auf dieser fraglichen Stelle Nachgrabungen geschehen sind.

Vorgelesen, genehmigt und unterschrieben.

gez. Zschischang. F. Seyffarth. Beck.

8. Zeuge.

Ich heisse Mathias Rouland, bin 24 Jahre alt, Maurer, wohnhaft zu Nennig.

Zur Sache.

Ich war als Arbeiter in der letzten Zeit bei den hiesigen Ausgrabungen am Rundbau beschäftigt. Vor dieser Zeit waren schon sämmtliche Inschriften mit Ausnahme der Fontaine bereits vorgefunden, ohne dass ich die nähern Umstände bei Auffindung der frühern Inschriften anzugeben vermag.

Von der dritten Inschrift ab, arbeitete ich nach der nördlichen Richtung hin und habe in Gemeinschaft mit Sauerwein versucht, die geputzte Mauerfläche blosszulegen. Der Boden war hier fest und mit Gras bewachsen. Am darauf folgenden Tage gruben wir so tief, als der Verputz reichte und bemerkten auf demselben das Bild eines Springbrunnens, an dessen obern Ende deutlich Buchstaben zu sehen waren.

Nach Vorlesung und Gutheissung erklärte Zeuge, dass diese seine Aussage auf Wahrheit beruhe, welche er nöthigenfalls eidlich erhärten könne, worauf derselbe unterschrieb.

gez. Mathias Rouland. F. Seyffarth. Beck.

9. Zeuge.

Ich heisse Franz Saillet, bin 24 Jahre alt, Kaufmann, wohnhaft in Stuttgart, dermalen mich hier in Nennig aufhaltend.

Zur Sache.
Ich bin bei dem mit der Leitung der hiesigen Ausgrabungen beauftragten Schaeffer Geschäftsführer und habe als solcher in seiner Abwesenheit die Aufsicht geführt. Gegen Abend eines Tages, es war Samstags, kam ich auf die Baustelle und bemerkte am Rundbau, wo Lorenzer arbeitete, auf röthlichem Verputz einzelne Buchstaben. Ich machte meinen Principal, der mittlerweile in Gesellschaft des Herrn de Musiel mit einigen Herrn aus dem Luxemburgischen, herzukam, sofort darauf aufmerksam, worauf Schaeffer die Anordnung traf, dass Lorenzer das Weitergraben sistiren möge, weil mehrere fremde Herrn da seien.

Als die Herrn sich entfernt hatten, ging ich mit Schaeffer und Toussaint wieder nach der fraglichen Stelle hin und wir legten für den Fall eines Regens während der Nacht zum Schutz des Verputzes Rasenstücke darauf.

Des andern Morgens zeichnete Schaeffer die blossgelegte Inschrift durch — ich selbst war jedoch hierbei nicht zugegen — und ich brachte diese Durchzeichnung noch an demselben Tage zum Herrn v. Wilmowsky nach Trier, wo ich gegen 1/24 Uhr ankam.

Schaeffer hatte mir den Auftrag ertheilt, ein halbes Pfund Wasserglas mitzubringen, was auch geschehen ist, womit Schaeffer Montags Morgens zur festern Haltung des Verputzes die Inschrift tränkte.

Nach Verlauf mehrerer Tage kam ich auf die Baustelle, als der Johann Kiefer aus einem Graben Schutt auswarf, unter dem sich, wie Schaeffer mir sagte, einige Verputzstücke mit Buchstaben befänden, da bereits einige aufgefunden worden seien. Ich half den ausgeworfenen Schutt sorgfältig durchsuchen und wir fanden auch mehrere Stücke mit Buchstaben und Bruchstücke einer grössern Bildfläche, welche letztere wir zum Theil auf dem Platze liegen liessen, soweit sie nämlich nicht in einen Zusammenhang gebracht werden konnten. Die Bruchstücke mit Buchstaben dagegen wurden nach der Wohnung des Schaeffer gebracht und so gut es ging zusammengesetzt.

Am Rundbau, auf der Seite, wo Strupp Eigenthümer des Grund und Bodens ist, wurde demnächst die Ausgrabung einige Tage sistirt, weil derselbe uns die Erlaubniss zum Weitergraben entzog. Durch Vermittelung des Königl. Landrathes zu Saarburg haben wir jedoch diese Erlaubniss wieder erhalten und es wurden darauf hin die Ausgrabungen wieder fortgesetzt. Ich habe daselbst mit eigner Hand die an der Mauerfläche zur Erhaltung des Verputzes und der röthlichen Färbung einstweilen stehen gelassene dünne Bodenschichte beseitigt und ich bemerkte einzelne Fragmente einer Inschrift.

Es wurde demnächst die ganze Fläche blossgelegt. Am andern Tage um 1/28 Uhr kam Herr v. Wilmowsky mit Schaeffer nach der Baustelle und Ersterer wusch die Fläche, wo sich die obenerwähnten Fragmente der Inschrift zeigten, mit Schwamm und warmem Wasser ab und es zeigte sich eine vollständige Inschrift. Vom Tage der Auffindung der ersten Inschrift bis zur Commandirung des Gensdarmen von Perl, war Nachts stets eine Wache ausgestellt, so dass nach Beendigung der Arbeitsstunde Niemand mehr nach der Baustelle kommen konnte.

Von den nähern Umständen bei Auffindung der Fontaine weiss ich aus eigner Wahrnehmung Nichts zu bekunden.

Von der Auffindung der fünften Inschrift weiss ich bloss durch Hörensagen. Ich selbst hatte am andern Tage, als die Inschrift aufgefunden worden war, den Stein nach der Wohnung meines Principals gebracht, woselbst Letzterer die Reinigung durch Reuter mit warmem Wasser vornahm und eine gut erhaltene Inschrift zum Vorschein kam.

Vorgelesen, genehmigt und unterschrieben.
gez. Fr. Sailet. F. Seyffarth. Beck.

10. Zeuge.
Ich heisse Peter Reuter, bin 42 Jahre alt, Taglöhner und Aufseher des Mosaikbodens, geboren und wohnhaft zu Nennig
Zur Sache.
Als Aufseher der Villa ging ich fast täglich zur Arbeitsstelle. Es war an einem Sonntage, als Schaeffer zu mir kam und mich fragte, ob wir arbeiten dürften, da er etwas Wichtiges zu entdecken hoffe. Auf meine Antwort, dass dieses nur mit Erlaubniss des Herrn Pastors geschehen könnte, ging Schaeffer zu Letz-

terem hin und bat um dieselbe, welche ihm denn auch gewährt wurde. Ich begab mich hierauf nach der Baustelle, wo Schaeffer mir meinen Platz anwies, wo ich arbeiten sollte. Es war an der Stelle, wo am Tage vorher Lorenzer aufgehört hatte zu arbeiten. Nach Süden hin war die Erde hier böschungsartig ausgehoben. Ich grub also hier weiter und fand vollständig festen, mit einer Grasnarbe verwachsenen Boden, der keine Zeichen erkennen liess, dass in langer Zeit hier Ausgrabungen stattgehabt. Nach einer Arbeit von einer halben Stunde zeigten sich an dem röthlichen Verputz der Rundmauer Spuren von Buchstaben. Ich grub deshalb weiter und nach einer Arbeitszeit von 2 Stunden war eine Inschrift und zwar die erste der aufgefundenen zu Tage getreten. Schaeffer versuchte mit einer Federfahne den Schmutz, womit die Inschrift bedeckt war, zu beseitigen und machte sofort eine Durchzeichnung, mit welcher er zu Herrn de Musiel ging.

Auf Anordnung des Schaeffer stellte ich ein Brett vor die Inschrift, und fuhr fort, weiter zu graben. Von mir und Schattel wurde während des ganzen Tages Wache gehalten und während der Zeit der Auffindung dieser Inschrift bis zur Commandirung des Gensdarmen von Perl auch während der Nacht diese Wache fortgesetzt, so dass Niemand ausser der Arbeitszeit nach der Baustelle kommen konnte.

Bei Auffindung der 2. 3. und 4. Inschrift war ich nicht zugegen, kann auch nicht angeben, wer dieselben aufgefunden. Morgens, als ich wie gewöhnlich zur Stelle kam, hörte ich nur, dass Tages vorher wieder eine Inschrift gefunden worden sei.

In dem Grundstücke des Peter Lauer, welches an das fiscalische Eigenthum angrenzt, arbeitete behufs Aufsuchung der Umfassungsmauer der Villa, mit Erlaubniss des Eigenthümers, der Mathias Elles und in einiger Entfernung davon ein gewisser Pronsdorf. Nachdem Elles ca. 7 Fuss tief gegraben hatte, stiess er auf einen in einer aufgedeckten Wasserleitung etwas schräg stehenden grossen Stein. Elles rief mich hinzu, wie dieses gewöhnlich geschah, wenn ein Arbeiter auf Verputz oder eine Mauer stiess. Ich kam zur Stelle und sah den Stein mit Mörtel bedeckt da stehen. Am obern Ende desselben bemerkte ich eine Furche (Kähle) und dachte bei mir, dass es das Bruchstück einer Säule, deren mehrere in der Nähe gefunden wurden, sei. Ich sagte deshalb Elles, dass er denselben behutsam herausarbeiten möchte, worauf ich mich entfernte. Gegen Abend theilte ich Schaeffer, welcher abwesend war, diese Sache mit und schickte ihn zu Elles, worauf er auch hinging.

Am zweiten Tage nach Auffindung dieses Steines — es war am Allerseelentage — Nachmittags gegen 3 Uhr wurde ich zu Schaeffer beordert, welcher diesen Stein vor seine Wohnung hatte bringen lassen. Derselbe war mit festem Kalkmörtel überzogen und auf Veranlassung des Schaeffer versuchte ich durch Reiben mit einem Sandsteine diesen Mörtel zu entfernen. Nach einem starken Reiben während einer halben Stunde zeigten sich einige Buchstaben. Schaeffer wusch hierauf mit einer Bürste und warmem Wasser den Stein ab und es trat eine Inschrift hervor.

Gegen Abend wurde der Stein durch mich nach dem Mosaikgebäude gebracht.

Mit Bestimmtheit kann ich erklären, dass, so lange ich mich entsinne, an der fraglichen Stelle keine Ausgrabungen stattgefunden und habe ich Derartiges nie von meinen Eltern gehört.

Bemerken muss ich noch, dass Schaeffer, als bereits der Stein im Mosaikgebäude lag, die Seite, auf welcher die Inschrift ist, mit einer Flüssigkeit (Wasserglas) tränkte.

Vorgelesen, genehmigt und unterschrieben.

gez. Peter Reuter. F. Seyffarth. Beck.

Fortgesetzt am Donnerstag den zwei und zwanzigsten November 1800 sechs und sechszig.

11. Zeuge.

Ich heisse Mathias Elles, bin 60 Jahre alt, Taglöhner, geboren und wohnhaft zu Nennig.

Zur Sache.

Seit ungefähr 4 Wochen bin ich als Arbeiter bei den Ausgrabungen der Villa beschäftigt. Von der Auffindung der Inschriften ist mir aus eigner Wahrnehmung Nichts bekannt. Was die Auffindung des mir hier vorgezeigten Steines, den ich an der Form insbesondere der Furche als denjenigen Stein mit Bestimmtheit wieder erkenne, welchen ich auf dem Grundstück des Lauer gefunden habe, anlangt, so verhält es sich damit wie folgt:

Es war am Tage vor Allerheiligentag, als ich an der Stelle, wo der Stein entdeckt worden, arbeitete. Nachdem ich hier ca. 8 Fuss tief gegraben hatte, stiess ich auf einen an der Seitenwand der Wasserleitung etwas schräg stehenden Stein. Ich rief den Aufseher Reuter herzu, wie ich dieses zu thun pflegte, wenn ich auf eine Mauer oder Stein kam, und zeigte demselben diesen Stein, worauf er mir sagte, dass ich denselben behutsam rundum losarbeiten mögte, was ich denn auch that.

Gegen Abend um 6 Uhr war dieses geschehen. Ich liess den Stein an derselben Stelle liegen und ging nach Hause. Als ich am Allerseelentage wieder zur Arbeit ging, war der Stein verschwunden; wer denselben weggenommen, weiss ich nicht. Der Boden war an der Stelle, wo ich arbeitete, sehr fest und musste ich mich scharfer Instrumente bedienen, um durchzugraben.

An der fraglichen Stelle ist noch nie, so weit ich mich erinnere, gegraben worden, und habe ich auch von meinen Eltern Derartiges nie gehört.

Vorgelesen, genehmigt und erklärte Zeuge, im Schreiben unerfahren zu sein.

gez. F. Seyffarth. Beck.

12. Zeuge.

Ich heisse Peter Reuter, bin 15 Jahre alt, ohne Stand zu Nennig.

Zur Sache.

Es war an einem Sonntage, als ich meinem Vater nach der Baustelle eine Hacke brachte; derselbe war dort mit Graben beschäftigt; ich ging gleich darauf wieder fort.

Später, den Tag kann ich nicht genau angeben, half ich unter dem Schutte, den der Johann Kiefer aus einem Graben auswarf, Verputzstücke aussuchen. Ich selbst habe jedoch keine gefunden. Schaeffer gab mir einzelne Stücke, worauf Buchstaben waren, welche ich nach seiner Wohnung brachte. Was damit geschehen ist, weiss ich nicht. Ein Weiteres kann ich nicht bekunden.

Vorgelesen, genehmigt und unterschrieben.

gez. Peter Reuter. F. Seyffarth. Beck.

13. Zeuge.

Ich heisse Palmatius Toussaint, bin 24 Jahre alt, Gerber, geboren und wohnhaft zu Nennig.

Zur Sache.

An einem Samstag Abende, als ich aus meiner in der Nähe der Villa liegenden Gerberei nach Hause gehen wollte, begegneten mir Schaeffer und Saillet, welche mir erzählten, dass sich bei der Ausgrabung an der Mauer Verputz vorgefunden hätte und baten mich mitzugehen. Ich schloss mich denselben an. Auf der Stelle angelangt, machte ich mit einem Stocke die Erde um den Verputz, der roth war, los und ich konnte 3 Buchstaben deutlich erkennen. Wir deckten darauf die Stelle mit Rasen zu und entfernten uns, da es bereits Nacht geworden war. Des andern Tages, Sonntags gegen 7 Uhr ging ich mit Schaeffer wieder nach dieser Stelle hin, und es kam Reuter Vater und Schattel ebenfalls hin, um weiter zu graben. Auch damals habe ich diese 3 Buchstaben noch bemerkt. Ich entfernte mich, als die Arbeiter zu graben anfingen.

Nach Verlauf von 2½ Stunden kam Schaeffer zu mir und erzählte mir, dass sie an der fraglichen Stelle eine schöne Inschrift aufgefunden hätten.

Gegen 11 Uhr ging ich hin und sah auch an derselben Stelle, wo ich früher diese Buchstaben gesehen habe, eine schöne Inschrift, worauf ich wegging. Schattel war zur Bewachung derselben auf der Stelle geblieben.

Ueber die nähern Umstände, unter welchen die übrigen Inschriften vorgefunden worden sind, vermag ich Nichts aus eigner Wahrnehmung zu bekunden.

Vorgelesen, genehmigt und unterschrieben.

gez. Palm. Toussaint. F. Seyffarth. Beck.

14. Zeuge.
Ich heisse Laurent de Musiel, bin 47 Jahre alt, Gutsbesitzer, geboren und wohnhaft zu Schloss Thorn.

Zur Sache.

Als Alterthumsfreund habe ich vor dem 30. September fast täglich den Ausgrabungen der römischen Villa und deren Bäder beigewohnt. Es war an einem Samstage, als ich mich mit mehreren Herrn aus dem Luxemburgischen zu den Ausgrabungen begab. Gegen 4 Uhr rief ein Arbeiter den Schaeffer mit dem Bemerken, dass eine Wandfläche mit schönem Verputz an dem Rundbau sich zeige. Ich ging ebenfalls nach dieser Stelle, wo ich mich auch davon überzeugte, und namentlich Spuren der Einrahmung eines Bildes bemerkte. Zeichen von Buchstaben habe ich jedoch nicht gesehen. Schaeffer kam des andern Tages zu mir und sagte, dass an der Stelle etwas nach Süden eine gut erhaltene Inschrift, welche er in einem unvollständigen Fac-Simile mitgebracht, aufgefunden worden sei, welches er mir auch zeigte. Den darauf folgenden Tag oder den dritten Tag danach, genau kann ich es nicht bestimmen, ging ich wieder nach der fraglichen Stelle, wo ich auch diese Inschrift sah.

Ueber die näheren Umstände bei Auffindung der übrigen Inschriften vermag ich keine nähere Auskunft zu geben.

Mit Bestimmtheit kann ich erklären, dass, soweit ich mich entsinne, an dieser Stelle, wo die erste Inschrift aufgefunden worden, keine Nachgrabungen gehalten wurden. Diese meine Behauptung wird noch dadurch bekräftigt, dass der Boden sich ganz genau in der ursprünglichen Ablagerung, wie solche sich bei Zerstörung von Gebäuden zeigt, gefunden hat und Spuren von einer Nachgrabung in neuerer oder neuesten Zeit, wie solches leicht erkennbar ist, nicht sichtbar waren.

Ausserdem füge ich noch hinzu, dass, falls eine Fälschung in neuerer Zeit hätte stattgefunden haben können, dieses einen Zeitaufwand von mehrern Tagen erfordert hätte, was vorliegends nicht der Fall sein konnte, da ich, wie oben erwähnt, bei meinem Eintreffen auf der fraglichen Stelle am andern oder dem darauf folgenden Tage die Inschrift genau gesehen habe.

Vorgelesen, genehmigt und unterschrieben.

gez. de Musiel. F. Seyffarth. Beck.

Da behufs Feststellung der Umstände, unter denen die fraglichen Inschriften aufgefunden wurden, andere Personen hier nicht ausfindig gemacht werden konnten, so wurde die gegenwärtige Verhandlung geschlossen zu Nennig am Donnerstage den 22. November des Abends 8 Uhr und demnächst von den Eingangs aufgeführten Beamten unterzeichnet.

gez. F. Seyffarth. Beck, Protocollführer.

Fortgesetzt von dem c. Bürgermeister Beck zu Nennig am 8. December 1866.

15. Zeuge.
Ich heisse Friedrich Heinrich Schaeffer, im Uebrigen wie früher.

Zur Sache.

Auf Anordnung des Königlichen Bauraths, Herrn Seyffarth, habe ich die Ausgrabung in nördlicher Richtung, wo die letzte Inschrift aufgefunden worden, fortgesetzt und zu dem Ende den Arbeiter Carl Niesen hingestellt, um den Raum, der dem Anscheine nach mit Ziegelplatten bedeckt war, gänzlich aufzuräumen. Nachdem einige Zeit dort gegraben war, — ungefähr drei Fuss — wurde ich durch den Aufseher Reuter nach der Stelle hingerufen, wo Niesen Fragmente einer Inschrift eben ausgegraben hatte. Ich liess diese Fragmente, nachdem ich vorher noch den Herrn Pastor hinzugerufen hatte, nach meiner Wohnung bringen.

Hierbei bemerke ich noch, dass ich den Stein durch Umschlagen mit Oellappen zu erhalten suchte, weil derselbe nämlich aus Kalkstein bestehend, etwas verbrannt war und ich denselben durch Anwendung dieses Mittels vor Zersetzung bewahren zu können glaubte.

Vorgelesen, genehmigt und unterschrieben.

Heinrich Schaeffer, Bildh.

16. Zeuge.
Ich heisse Peter Reuter, bin 42 Jahre alt, im Uebrigen wie früher.

Zur Sache.

Es war am verflossenen Sonntage, als Ich durch den Arbeiter Carl Niesen nach der Stelle, wo derselbe mit Ausgrabungen beschäftigt war, hinzugerufen wurde. Dieses pflegten nämlich die Arbeiter zu thuen, wenn sie auf einen Stein oder sonstiges Mauerwerk stiessen. Derselbe zeigte mir ein Fragment, worauf Zeichen einer Inschrift bemerkbar waren. Ich machte sofort dem Herrn Schaeffer Anzeige davon, worauf derselbe den Herrn Pastor herbeirufen liess.

Nach Vorzeigung des Steines erklärte der Zeuge, dass es derselbe Stein sei, welchen Niesen an dem fraglichen Tage bei Fortsetzung der Ausgrabungen auf dem Grundstücke des Peter Lauer entdeckt hatte.

Vorgelesen, genehmigt und unterschrieben.

Peter Reuter.

17. Zeuge.

Ich heisse Carl Niesen, im Uebrigen wie früher.

Zur Sache.

Nachdem ich auf der Stelle, wo Schaeffer mich hingestellt, ungefähr 4½ Fuss in der Richtung, wo der letzte Stein gefunden worden — es war auf dem Grundstück des Peter Sauer — das Ausgraben fortgesetzt, stiess ich auf einen Stein, auf welchem Buchstaben bemerkbar waren. Ich rief sofort den Reuter hinzu, worauf Letzterer den Stein nach der Wohnung des Herrn Schaeffer brachte.

Nach Vorzeigung des Steines erklärte Niesen, dass es derselbe Stein sei, den er an dem fraglichen Tage — es war am verflossenen Samstage — bei Fortsetzung des Grabens entdeckt habe und zwar erkenne er denselben insbesondere an den Hieben, welche durch Aufschlagen des Bickels entstanden sind.

Vorgelesen, genehmigt und unterschrieben.

Carl Niesen.

Hierüber wurde gegenwärtige Verhandlung aufgenommen am Tage wie Eingangs gemeldet.

a. u. s.

Der e. Bürgermeister
Beck.

Anlage II.

Verhandelt zu Palzem den 20. März 1867.

Vor dem unterzeichneten Bürgermeister, handelnd Namens des Königlichen Regierungs- und Bauraths, Herrn Seyffarth erschienen in Gemässheit Vorladung die Nachbenannten, um in Betreff der angeblichen Fälschung der Nenniger Inschriften vernommen zu werden. Zur Aussagung der Wahrheit ermahnt, erklärten dieselben wie folgt:

1. Ich heisse Mathias Kettenhofen, bin 65 Jahre alt, Anstreicher, wohnhaft zu Nennig.

Zur Sache.

Auf die Nachricht, dass beim Ausgraben eine Inschrift gefunden sei, ging ich nach der Stelle, wo gegraben wurde. Hier bemerkte ich auch wirklich eine Inschrift, worauf die einzelnen Farben noch ganz frisch waren. Dies Letztere kam mir gleich verdächtig vor, und es stieg bei mir sogleich der Gedanke auf, dass diese Inschrift erst kurz vorher gemacht worden sei.

Was die Stein-Inschrift anlangt, so wurde der Stein von dem Mathias Elles beim Graben aufgefunden, ohne dass damals von demselben irgend ein Zeichen einer Inschrift bemerkt werden konnte. Erst nach Verlauf von einigen Tagen verbreitete sich das Gerücht, dass dieser Stein eine Inschrift trage. — Zwischen dem Zeitpunkte des Auffindens des Steines und der Veröffentlichung, dass auf demselben eine Inschrift sei, will die Anna Serger von Nennig, welche zufällig in das Toussaint'sche Haus, wo Schaeffer wohnt, gekommen und in der Küche den Schaeffer und Saillet mit dem Steine beschäftigt getroffen haben. Auf dem Steine war

Feuer angemacht, demnächst wurde das Schwarze von dem Steine vor dem Toussaint'schen Hause durch Waschen entfernt, worauf sich eine Inschrift zeigte, sodass ich nur annehmen kann, dass die Inschrift nachträglich darauf gemacht wurde.

Vorgelesen, genehmigt und unterschrieben.

                   Kettenhoven.

2. Ich heisse Christoph Lorenzer, bin 57 Jahre alt, Tagelöhner, wohnhaft zu Nennig.

            Zur Sache.

Von Anfang als die Ausgrabungen der Nenniger Villa begonnen wurden, war ich als Arbeiter beschäftigt und zwar zuerst bei der Villa und demnächst im Distrikte „Dreimorgen". Bei den Nachgrabungen an letztgenannter Stelle stiess ich auf eine Mauer, welche einen röthlichen Verputz zeigte, ohne dass jedoch die geringste Spur einer Inschrift sichtbar war. In der Feierstunde Abends verliess ich die Arbeit. Am andern Tage, an einem Sonntage, kam Schaeffer zu mir in mein Haus und sagte zu meiner Frau, dass ich nach der Baustelle kommen solle, da etwas Wichtiges vorgefunden sei.

Ich ging auch wirklich einige Zeit nachher nach der Stelle, wo ich Tages vorher mit Graben aufgehört hatte und bemerkte jetzt eine Inschrift. Schaeffer war noch damit beschäftigt, mit einem Pinselchen einige Buchstaben auszubessern. Demnächst hat er diese Inschrift mit Wasserglas getränkt. Mit Bestimmtheit kann ich sagen, dass ich Abends beim Fortgehen von dieser Stelle nicht die geringste Spur von einer Inschrift bemerken konnte. Schaeffer selbst erklärte mir noch, dass er bereits am Abende Spuren von Buchstaben entdeckt habe und dass er noch Nachts mit einer Laterne an die Stelle gegangen wäre, und in der Nacht diese Inschrift entdeckt habe. Ich kann hiernach nur annehmen, dass diese Inschrift in der Nacht verfertigt wurde.

Hierbei muss ich noch erwähnen, dass mir der Johann Kiefer erzählte, Schaeffer habe ihn am Tage vorher, als die dritte Inschrift an der Wand entdeckt wurde, aufgefordert, beim Nachhausegehen seine Schaufel an der Stelle liegen zu lassen, unter dem ausdrücklichen Verbote, hiervon Niemanden Etwas zu sagen. Schaeffer ist noch an der Stelle geblieben und hat den Mathias Schattel als Posten an den Weg gestellt, welcher Niemand an die Stelle hinlassen sollte. Am andern Morgen verbreitete sich das Gerücht, es sei wieder eine Inschrift entdeckt. Ich ging darauf nach der Baustelle, wo ich dem Schaeffer, der eine Durchzeichnung dieser Inschrift aufnehmen wollte, mit Festhalten des Papieres behilflich war. Bei dieser Gelegenheit äusserte Schaeffer zu mir, dass es jetzt bald Zeit sei, mit Entdecken von Inschriften aufzuhören, indem sie sonst keinen Werth mehr hätten. Von sämmtlichen Arbeitern, die bei dem Ausgraben beschäftigt waren, ist auch nicht ein Einziger, welcher sagen könnte, eine Inschrift oder Zeichen einer solchen bemerkt zu haben, denn immer nach Verlauf von einigen Tagen verbreitete sich das Gerücht, es sei wieder eine Inschrift gefunden worden.

Ich kann hiernach meine Ueberzeugung nur dahin aussprechen, dass die Inschriften in der neuesten Zeit und nur auf künstlichem Wege entstanden sind.

Vorgelesen, genehmigt und unterschrieben.

                   Lorenzer.

3. Ich heisse Johann Reichling, bin 37 Jahre alt, Gastwirth, wohnhaft zu Nennig.

            Zur Sache.

Aus eigener Wahrnehmung in Betreff der angeblichen Fälschung der Nenniger Inschriften kann ich Nichts bekunden. Zur Zeit, als dieselben entdeckt wurden, verkehrten häufig die Arbeiter in meiner Wirthschaft. Keiner war im Stande zu sagen, dass er die Inschrift oder Zeichen einer solchen bei dem Ausgraben bemerkt habe. Erst nach Verlauf von einigen Tagen verbreitete sich immer das Gerücht, dass wieder eine Inschrift aufgefunden sei. Ich selbst habe eine Inschrift gesehen, die noch ganz neu zu sein schien, worauf bei mir gleich der Verdacht aufstieg, dass dieselbe nicht aus jener alten Zeit herrührte und vielleicht von Schäffer selbst verfertigt worden wäre. Derselbe Verdacht machte sich auch bei den übrigen Leuten geltend.

Vorgelesen, genehmigt und unterschrieben.

                   Reichling.
                Der Bürgermeister Beck.

Anlage III.

Verhandelt zu Nennig am 26. November 1869.

Vor dem unterzeichneten Bürgermeister erschienen heute auf Veranlassung des mit den Ausgrabungen der römischen Villa zu Nennig betrauten Herrn Professors aus'm Weerth die nachgenannten Personen, welche auf Befragen folgende Erklärungen abgaben.

1. Ich heisse Peter Reuter, bin 46 Jahre alt, Mosaikaufseher zu Nennig.

Zur Sache.

Als ich an dem fraglichen Sonntag in die Grube des Lorenzer zur Aufgrabung der ersten Inschrift eingetreten war, fand ich gemäss meiner frühern Aussage den obern Boden fest mit einer Grasnarbe verwachsen. Unterhalb dieses Bodens und in die am Samstag verlassene Grube hineinreichend und bis über die Inschrift hinaus, befand sich eine lose Schuttmasse. Nach der Beschaffenheit des Bodens zu urtheilen, war es möglich, diesen lockeren Schutt in einer Nacht aus seiner Stelle bis hinter die Inschrift heraus und wieder in diese Stelle hineinzuschaffen, umsomehr, als die Inschrift nur ca. einen halben Fuss von Beginn der Schuttschicht in dieser lockeren Erde lag, und mithin die davor liegende Erdmasse in kurzer Zeit innerhalb der Grube herausgezogen und wieder hineingeschoben werden konnte. Ich würde unmöglich zur Freilegung der Inschrift zwei Stunden gebraucht haben, wenn mich nicht Schaeffer nach der Sichtbarmachung der ersten Buchstaben beordert hätte, nunmehr von oben horab den festen Boden abzudecken. Sobald diese Inschrift freigelegt war, hat Schaeffer die schadhaften Buchstaben derselben mit einem Pinsel und schwarzer Farbe, welche er in einem Farbkasten bei sich führte, ausgebessert, sie dann mit Wasserglas überzogen und in das nasse Wasserglas Schutt und Sand, wie er am Boden lag, hineingeworfen, und dann wieder mit einer Federfahne gesäubert. Diese dreifache Procedur wiederholte er mehrmals.

Nach dem Zusehen meiner Frau wurde am Allerseelentage während des Amtes, es mag gegen neun Uhr gewesen sein, der Stein von Salllet in das Toussaint'sche Haus gebracht. Zwischen 3 und 4 Uhr Nachmittags wurde ich zum Reinigen desselben gerufen. Der am Stein befindliche Mörtel hatte eine grauartige Farbe.

Auf Befragen erklärte Reuter, dass Schaeffer verschiedene, neu und blank aussehende Münzen mit einer Flüssigkeit bestrich, sie dann in die Nähe des Mosaikbodens in die Erde legte, wodurch sie nach wenigen Tagen das Aussehen von alten Münzen hatten. Bei meiner frühern Vernehmung habe ich von diesen Erklärungen keine Erwähnung gethan, weil ich nicht so genau danach gefragt wurde.

Vorgelesen, genehmigt und unterschrieben.

Reuter. Beck.

2. Ich heisse Christoph Lorenzer, bin 60 Jahre alt, wohnhaft zu Nennig.

Zur Sache.

An einem Samstage arbeitete ich in einer Grube in den drei Morgen und zwar schräg (böschungsartig) in den Boden hinein. Der obere Boden war fest, während der untere, den ich unterminirend herausnahm, loser Schutt gewesen ist. Die Mauer, auf welcher sich die Inschrift des andern Tages zeigte, befand sich in diesem lockern Schuttboden, und hatte ich die Stelle, wo die Inschrift war, bereits am Samstag Abende blossgelegt, obgleich mir Schaeffer eine halbe Stunde vor Beendigung der Arbeit aufgegeben hatte, an dieser Stelle nicht weiter zu arbeiten. Das Herausziehen und Wiedereinlegen des Schuttes würde einen Zeitaufwand von einer Viertelstunde etwa in Anspruch nehmen. An dem Sonntag Morgen, als ich an die fragliche Stelle kam, war Schaeffer damit beschäftigt, die schadhaften Stellen der Inschrift mit einem Pinsel und schwarzer Farbe auszubessern. Demnächst übergoss er die Inschrift mit Wasserglas und warf von dem in der Nähe liegenden Schutte darüber. Die Grube mag ungefähr sechs Fuss tief gewesen sein.

Bei meiner frühern Vernehmung habe ich von diesen Erklärungen keine Erwähnung gethan, weil ich nicht speziell danach gefragt wurde.

Vorgelesen, genehmigt und unterschrieben.

Christoph Lorenzer. Beck.

3. Ich heisse Johann Kiefer, bin 22 Jahre alt, Leinweber zu Nennig.
Zur Sache.

An dem Tage, als im Rundbau in den drei Morgen gearbeitet wurde, forderte mich Schaeffer des Abends, als ich die Arbeit verliess, auf, meine Schippe und Hacke auf der Arbeitsstelle zurückzulassen, weil er noch Etwas untersuchen wollte. Es dunkelte damals und es war an dem Abende, wo mein Vater den Schattel am Wege Wache stehen sah. Als ich am andern Morgen wieder zur Stelle kam, fand ich meine Sachen, Schippe und Hacke, wieder vor, erstere war mit schwarzer Farbe beschmiert. Bemerken muss ich noch, dass bei dem Aufsuchen der zweiten Inschrift aus dem Schutte, wovon ich bereits in meiner frühern Vernehmung sprach, der Rundbau bis über die Stelle der dritten Inschrift und der Fontaine blossgelegt wurde, ohne dass ich dort das Mindeste von Inschriften bemerkte; diese Stelle wurde dann zugeworfen und beim abermaligen Aufdecken dieser Stelle wurde eine Inschrift entdeckt, die beim ersten Aufdecken nicht vorhanden war.

Vorgelesen, genehmigt und unterschrieben.
Johann Kiefer. Beck.

4. Ich heisse Mathias Schattel, bin 25 Jahre alt, Leinweber zu Nennig.
Zur Sache.

Die Stelle, wohin mich Lorenzer, welcher auf einen rothen Verputz gestossen war, rief, ist dieselbe Stelle, wo des andern Tages eine Inschrift gefunden wurde. Tages vorher war nicht das Mindeste von einer Inschrift zu sehen. In meiner Gegenwart hat Schaeffer diese Inschrift mit einem Pinsel mit Farbe ausgebessert, mit Wasserglas begossen und dann Grund von derselben Stelle drauf geworfen.

Am Tage vor dem Funde der dritten Inschrift Abends 6 Uhr, es war schon dunkel, ertheilte mir Schaeffer den Auftrag, am Wege zur Baustelle Wache zu stehen und Niemand nach der Baustelle gehen zu lassen. Demnächst begab er sich in Begleitung des Toussaint oder Saillet, Letzteres kann ich nicht genau sagen, zur Baustelle. Nach Verlauf einer Stunde rief er mir von hier aus zu, dass ich nach Hause gehen könne, worauf ich mich denn auch entfernte. Es war an demselben Abende, wo er den Kiefer hiess, sein Handwerkszeug auf der Baustelle zurückzulassen. Am andern Tage war die Inschrift vorhanden, ohne dass ein Arbeiter je Etwas davon gesehen hatte.

Vorgelesen, genehmigt und unterschrieben.
Schattel. Beck.

5. Ich heisse Peter Reuter, Sohn, bin 18 Jahre alt, Taglöhner zu Nennig.
Zur Sache.

Nach dem Auflesen der zweiten Inschriftstücke aus dem Schutte habe ich die Mauerfläche bis über die Fontaine hinaus mit blossgelegt. Auf dieser Mauerfläche habe ich keine Spur einer Inschrift gesehen. Schaeffer forderte uns Samstag Abend, es war der Tag vorher als eine Gesellschaft von Trier mit dem Dampfschiffe hierherkam, auf, diese Stelle wieder zuzudecken, damit nicht Jeder am andern Tage dieses Bild sehen könne. Später wurde diese Stelle wieder aufgedeckt und da sah ich an einem Sonntag Morgen, obgleich es verboten war dahin zu gehen, an derselben Stelle vor der Fontaine, wo früher keine Inschrift war, nun eine Inschrift.

Vorgelesen, genehmigt und unterschrieben.
Reuter. Beck.

6. Ich heisse Palmatius Toussaint, bin 27 Jahre alt, Gerber zu Nennig.
Zur Sache.

Ich muss meine früher in dieser Angelegenheit abgegebene Erklärung dahin rectificiren, dass die auf dem rothen Verputz von mir gesehenen Punkte keine Buchstaben seien, ich habe sie wenigstens als solche nicht angesehen.

Vorgelesen, genehmigt und unterschrieben.
Palm. Toussaint. Beck.

7. Ich heisse Anna Serger, bin 44 Jahre alt, Ehefrau Peter Strupp, wohnhaft zu Nennig.

Zur Sache.

Am Tage nachher, als ich des Abends in dem Toussaint'schen Hause den Schaeffer und Saillet in der Küche beim Feuerherde beschäftigt fand, sah ich vor dem Hause einen Stein mit einer Inschrift liegen. Ob sie damals den Stein auf dem Herde liegen hatten, kann ich nicht angeben. Das Feuer brannte auf der Platte des Feuerherdes und nicht im Ofen.

Vorgelesen, genehmigt und unterschrieben.

Anna Serger. Beck.

Hierüber wurde gegenwärtige Verhandlung aufgenommen und geschlossen wie Eingangs gemeldet.

Der Bürgermeister Beck.

Anlage IV.

Auf Befragen, was ich von den dahier gefundenen Inschriften auszusagen weiss, kann ich Palmatius Toussaint, vier und zwanzig Jahre alt, Folgendes angeben:

Herr Schaeffer und Saillet, die bei uns wohnen, erzählten am zwei und zwanzigsten September Abends beim Nachtessen, dass sich in dem Felde genannt Dreimorgen heute Spuren von schriftartiger Malerei zeigten, dass er höchst gespannt sei, ob dieses vielleicht eine Inschrift wäre; da die Herren hier verschiedene Unannehmlichkeiten hatten und es gerüchtsweise im Dorf bekannt war, in dem Felde habe man Spuren einer werthvollen Sache gefunden, sprach Herr Schaeffer die Sorge aus, wenn nur keine Schatzgräber, was hier öfter vorkam, am Ende dort etwas verderben.

In Folge dessen gingen wir zusammen auf das Feld an die Stelle, wo ich auch sah, dass sich dort Buchstaben zeigten, es wurde dunkeler und wir legten einige Klötze Grund an den Rand des Grabens, damit ein etwaiger Regen keinen Schaden verursachen könne, wir gingen dann nach Hause, am andern Morgen wurde die Wand, wie ich selbst sah, durch Peter Reuter Vater und Sohn und Mathias Schattel selbst blosgelegt. Ich ging während der Zeit wo die späteren Inschriften gefunden wurden, als öfter sehen, ob die Wache auch da sei. Die letzte Inschrift in Stein habe ich gesehen vor unser Haus bringen Mittags, dieselbe wurde durch Herrn Schaeffer und Reuter dort gereinigt und dann durch Reuter ins Mosaikhaus gebracht. Ich habe nie gehört, dass das Feld, wo die Inschriften gefunden wurden, früher offen war, überhaupt kann ich die Ueberzeugung aussprechen, dass die Inschriften alt sind. Ich habe ein Gerbhaus in der Nähe des Feldes und übersehe von dort das ganze Terrain, bin auch täglich in der Nähe der Ausgrabungen und wenn von irgend einer Seite etwas vorgenommen worden wäre, so müsste ich gewiss etwas davon gesehen oder erfahren haben. Soviel ich weiss, war unser Pastor und Kaplan bei der Auffindung der Inschriften und werden diese dann auch Auskunft geben können. Obiges Protokoll habe ich selbst geschrieben und als durchaus wahr unterzeichnet.

Nennig, den 19. November 1866.

Palm. Toussaint. H. Schaeffer, Bildh. Zschischang. Peter Reuter. Fr. Saillet.

Auf Befragen des Peter Reuter dahier, 42 Jahre alt, Aufseher am Mosaik-Haus zu Nennig, was er über die Auffindung der römischen Inschriften angeben kann, gibt derselbe Folgendes zu Protokoll:

Es ist mir ganz gut in der Erinnerung, dass der Arbeiter Christoph Lorenzer den Auftrag hatte von Herrn Schaeffer, eine Wasserleitung aufzusuchen; ich selbst kam öfter auf das Feld und erfuhr durch Lorenzer selbst, dass er bei dieser Operation auf eine schön mit rother Farbe bemalte Wand gestossen sei. Ich selbst sah die Malerei an dem Nachmittage nicht mehr, sondern hörte bloss am selben Abend, dass sich dort etwas gefunden habe. Herr Schaeffer sagte mir, ob wir am folgenden Morgen Sonntags wohl dort weiter graben dürften, wenn es der Herr Pastor erlaubt. Am folgenden Morgen ging ich selbst mit zum Pastor, wo Herr Schaeffer die Erlaubniss holte, Sonntags graben zu dürfen. Ich und mein Sohn begab mich gleich schon um 6 Uhr Morgens an die Stelle und grub ungefähr 2 Stunden an der Wand, wo sich nach und nach schwarze Buchstaben zeigten, die Herr Schaeffer in meinem Beisein reinigte. Die Buchstaben und die rothe

Farbe auf dem Verputz waren lebhafter, als sie jetzt sind und glichen demselben Verputz, wie wir ihn schon früher gefunden haben. Der Taglöhner Math. Schattel hat auch einige Stunden mitgegraben und wird meine Aussage bestätigen können. Christoph Lorenzer kam auch dazu; ich sagte noch zu diesem: gelt, hättest Du noch einen einzigen Schub weitergegraben, so hättest Du gestern schon gefunden, was wir heute gefunden haben.

Da sich nach und nach eine grössere Anzahl Leute eingefunden hatte und Herr Schaeffer mir den Auftrag gegeben, Niemand dazu zu lassen, damit keine Beschädigung stattfinde, weil der Verputz sehr mürbe war, so bat ich Lorenzer nicht in den Graben zu steigen, bis die Leute fort wären. Herr Schaeffer schickte sogleich meinen Sohn mit einem Brief zum Herrn Landrath Mersmann in Saarburg, weil wir fürchteten, dass uns der Herr Bürgermeister Wagner Unannehmlichkeiten machen könnte, wegen Entweihung des Sonntags. Die zweite Inschrift wurde, soviel ich hörte, während der Arbeit gefunden und zu Herrn Schaeffer in die Wohnung gebracht; ich wurde die Sache dadurch gewahr, weil der Eigenthümer Paul Strupp von Palzem noch am selben Tage Streit anfing um den Besitz der Verputzstücke. Die dritte Inschrift wurde, soviel mir bekannt ist, durch Math. Houland aufgedeckt, welcher darüber Auskunft geben kann. Die Steinplatte mit den Buchstaben wurde mir zuerst angezeigt durch den Taglöhner Mathias Elles; derselbe grub in dem Grundstück des Peter Lauer und fand sie in einer beträchtlichen Tiefe an einer Mauer, wo sich viele Bruchstücke von altem Verputz fanden. Der Mann sagte mir: Reuter, hier liegt ein Stein, ich meine was soll der für ein Stein sein, weil derselbe verziert schien; die Arbeitsleute fragten mich immer zuerst, wenn Herr Schaeffer grade nicht anwesend war. Ich explicirte dem Mann, dass er den Stein langsam und vorsichtig von der Mauer ablösen soll und dann liegen lassen, bis Herr Schaeffer kommt. Der Stein sah ganz schwarz aus und war mit einer Kruste bedeckt wie verbrannte Kalkspeise; ich zeigte den Fund darauf Herrn Schaeffer an; derselbe kam, besah den Stein genau und sagte, dass er von Wichtigkeit wäre, man solle denselben, ohne Aufsehen zu machen, es waren nämlich viele Leute auf dem Kirchhof, die herüber sahen, in Sicherheit bringen. Einstweilen aber nicht dergleichen thun, als ob wir grossen Werth darauf legten, damit der Grundstücksbesitzer keine unvernünftigen Forderungen dafür mache. Der Stein wurde durch Herrn Saillet am Mittag vor das Toussaint'sche Haus auf das Mäuerchen gebracht, wo Herr Schaeffer die Platte mit warmem und kaltem Wasser durch mich reinigen liess. Es zeigten sich nach Entfernung des Schmutzes und Mörtels die Buchstaben, so wie sie jetzt noch da sind.

Ich kann bezeugen, dass so lange in Nennig gegraben worden ist, es unmöglich gewesen wäre, die Inschriften zu fälschen oder nachzumachen, ohne dass Einer von uns es gesehen hätte. Ich kann auch bezeugen, dass von dem Tage an (23. September) bis zu der Zeit, wo die letzte Inschrift gefunden und weggenommen worden war, das Feld, resp. die Stelle immer Tag und Nacht bewacht war. Ich selbst und mein Sohn haben die Wache grösstentheils besorgt. Es wäre rein unmöglich, dass Jemand an der Stelle irgend etwas gemacht hätte, was wir nicht gesehen hätten. Die Taglöhner Joh. Kiefer, Frdr. Kiefer und Math. Schattel werden diese meine Aussage bestätigen können.

Obiges Protokoll wurde mir nach Aufnahme vorgelesen und der Inhalt von mir wörtlich als wahr durch Unterschrift in Gegenwart des stationirten kgl. Gensdarmen Zschischang, Palmatius Toussaint und Frz. Saillet unterzeichnet.

Nennig, den 19. Novbr. 1866.

Peter Reuter. Palm. Toussaint. H. Schaeffer Bildh. Zschischang.
Frz. Saillet, Schriftführer.

Auf Befragen, was ich (Mathias Schattel) über die aufgefundenen Inschriften anzugeben weiss, kann ich das mir Vorgelesene und von Peter Reuter Ausgesagte bestätigen. Ich selbst habe auch an dem runden Thurme gearbeitet, die Erde so weit weggemacht, dass man die Wand abwaschen konnte und die ziemlich dicke Lehm- und Schuttschichte entfernt. Rouland und Sauerwein mit Kiefer können das bestätigen. Als die letzte Inschrift gefunden wurde, war Herr Schaeffer nach Remich. Es war wenig davon erkenntlich, Herr Domcapitular von Wilmowsky hat, soviel ich weiss, dieselbe selbst abgewaschen. Ich habe die Ueberzeugung, dass, wenn irgend

jemand etwas dort gemalt oder sonst gearbeitet hätte, wir es hätten sehen müssen, ich kann aber mit Sicherheit bezeugen, dass nichts derart geschehen ist.
Nennig, den 19. Nov. 1866.
Mathias Schattel. Heinrich Schaeffer Bildh. Palm. Toussaint. Zechischang, berittener Gensdarm. Frz. Salliet.

Anlage V.

Fortgesetzt zu Perl den achtzehnten Januar 1800 sieben und sechzig.
10. Zeuge.
Ich heisse Christoph Lorenzer, bin 57 Jahre alt, Taglöhner zu Nennig, die übrigen Generalfragen verneinend.
Zur Sache.
Soviel ich mich erinnere etc. etc. Meine Ueberzeugung ist wirklich nun auch die, dass Niemand anders als Schaeffer diese Plakate angefertigt hat. Ich habe dafür folgende Gründe:

Ich bin lange Zeit bei den Ausgrabungen bei Nennig unter Schaeffers Leitung als erster Arbeiter beschäftigt gewesen, und namentlich da, wo die römischen Bäder und die römischen Inschriften, die so viel von sich reden machten, entdeckt worden sind. An einem Sonntag Morgen kam nämlich Schaeffer in mein Haus und verlangte, ich sollte heute arbeiten, weil etwas Merkliches gefunden worden sei. Als ich an den Rundbau kam, sah ich die Inschrift und zwar an derselben Stelle, wo ich Abends vorher selbst gegraben und keine Spur einer Inschrift entdeckt hatte. Ich hatte ganz genau auf den Mauerverputz und dessen Zustand Acht gegeben und würde jedenfalls die grossen schwarzen Buchstaben, wenn sie vorhanden gewesen wären, gesehen haben. Als ich den andern Morgen die Inschrift sah, waren die Buchstaben so schwarz und so glänzend, als ob sie erst eben gemacht worden wären. Schaeffer hatte auch in der That einen Pinsel mit schwarzer Oelfarbe in der Hand, und besserte noch an einzelnen Buchstaben aus. Gleich darauf überzog er die Inschrift mit Wasserglas, um dieselbe, wie er sagte, zu befestigen. Das Wasserglas hatte aber, wie es mir schien, nur die Wirkung, dass die schwarze Farbe blasser wurde und wie alt aussah. Schaeffer erzählte mir nun, nachdem er mit diesen Arbeiten fertig geworden war, dass er schon Abends vorher in meiner Gegenwart mehrere Buchstaben der Inschrift entdeckt, deshalb aber nichts davon gesagt hätte, weil er ein Herzuströmen von Leuten und eine Zerstörung der Inschrift befürchtet hätte; er sei darauf in der Nacht mit einer Laterne an Ort und Stelle gegangen und habe die gemachte Entdeckung weiter verfolgt. Ich glaube jedoch, dass Schaeffer die Inschrift in dieser Nacht selbst gemalt hat, denn sie stand, wie bereits bemerkt, auf einer Stelle, die ich Abends vorher selbst blossgelegt hatte und keine Inschrift enthielt. Die Stelle an demselben Rundbau, wo später die zweite Inschrift gefunden worden ist, war bereits aufgegraben worden und wurde auf Befehl des Schaeffer durch Johann Klefer wieder zugeschüttet, ohne dass hierbei von einer Inschrift etwas gesehen worden wäre. Plötzlich war eines Morgens die Inschrift gefunden, ohne dass einer der Arbeiter dabei gewesen. Der Klefer hatte vielmehr auf Befehl des Schaeffer seine Schaufel an Ort und Stelle Abends zurücklassen müssen. Schaeffer zeichnete nachher diese zweite Inschrift auf Pauspapier durch und hielt ich letzteres fest. Hierbei sagte er zu mir: „Es ist doch bald Zeit, dass wir mit dem Inschriftenfinden nachlassen, sonst haben sie keinen Werth mehr." Wie gesagt, ist beim Auffinden der Inschriften niemals ein Arbeiter zugegen gewesen und bin ich vollkommen überzeugt, dass sie Schaeffer selbst gemacht hat. Es muss ihm daher auch meiner Meinung nach die Anfertigung der Plakate zur Last gelegt werden.

Vorgelesen, genehmigt, Taxe verlangt und unterschrieben.
gez. Klein. Lorenzer. Hansen.
Fortgesetzt zu Perl den neunzehnten Januar 1800 sieben und sechzig.
Der Zeuge Christoph Lorenzer erschien heute freiwillig wieder und erklärte unter Verweisung auf seinen geleisteten Eid ferner:

Meine Aussage von gestern muss ich dahin verbessern, dass es nicht der Stephans-Tag v. J. war, an welchem Morgens das Plakat an meiner Thüre hing, sondern vielmehr am Sonntage den 23. Dezember. In Nennig geht das Gespräch, dass der bei der römischen Villa zuletzt aufgefundene Stein mit der Inschrift in der Nacht auf dem Schlafzimmer des Bildhauers Schaeffer behauen worden sei, und dass vorübergehende Leute nicht nur den Ton gehört haben, der beim Steinhauer vorkommt, sondern auch die Bewegung der Arme des Steinhauers gesehen haben; wer diese Leute jedoch sein sollen, kann ich nicht angeben, ebenso wenig, von wem ich diese Kunde habe. Der Taglöhner Carl Niesen zu Nennig, der den Inschriftenstein nachher gefunden haben soll, gab mir gegenüber zu verstehen, dass die Stelle, wo der Stein lag, vorher schon aufgegraben gewesen sei und die Erde lose darauf gelegen habe.

Vorgelesen, genehmigt und unterschrieben.

gez. Klein. Lorenzer. Hansen.

Anlage VI.

Briefe des Bildhauers Schaeffer.

1.

Hochverehrter Herr Baurath!

Ich beeile mich Ihnen die freudige Nachricht zu geben, dass ich heute noch spät die Spuren einer Inschrift an dem Rundbau entdeckte, welchen wir heute Mittag erst gefunden hatten. Die Inschrift ist sehr leserlich, ziemlich verletzt, doch nicht zu stark, dass ich dieselbe nicht retten könnte. Dieselbe lautet:

CÆS . M . V . TRAIANVS
DOMVS EREX . ET SECVND
INO SECVROPRÆF . REV . DON . DED .

Trajan schenkte dem Präfekt Secundinus dieses Anwesen. Die Schrift ist schwarz auf rothem Grunde an der Aussenseite eines runden Saals südwestlich 78° von dem Rade jedoch innerhalb dessen Bering.

Ich muss morgen 2 Mann arbeiten lassen, trotz Sonntag, indem sonst nicht für Schaden garantirt werden kann. Ich schreibe an Hrn. Schömann, dass die Gesellschaft noch Geld giebt, damit wir alles aufdecken können. Ich bringe auch gern ein Opfer, da die Sachen sich nun so interessant gestalten.

Montag sende ich Ihnen eine Durchzeichnung der Schrift. Wie froh bin ich, dass nun das Papier da ist; es war mir nun, als ob das eine Ahnung gewesen wäre. Es ist schon 12 Uhr Nachts, doch wollte ich Ihnen die gute Botschaft keine Stunde vorbehalten. Wenn nur der Hr. Wagner jetzt keine Chicane erfindet, denn wir sind auf lauter Privatbesitz. Das Gemüse wurde gestern alle abgenommen. Die Frau W. kam und benahm sich sehr gemein gegen mich durch ganz abscheuliche Reden, die sie mir hinwarf. Sie hat jetzt Alles weg und kommt dann wohl nicht mehr wieder, da jetzt ja keine Ursache mehr vorhanden ist.

In Eile schliesse ich Ihr ganz ergebener

H. Schaeffer.

Nennig, den 29/30. Sept. 1866.

2.

Lieber Herr Schömann!

Im Drange meiner ersten Freude eile Ich, um Ihnen die frohe Kunde zu geben, dass der Gründer der Villa entdeckt ist. Wie wird der gute Herr v. Wilmowsky sich freuen! Gehen Sie doch zu ihm und theilen Sie Ihm den Inhalt dieser Zeilen mit. Vom Glück geleitet, forschten wir emsig dem Laufe einer Wasserleitung im Bereich des Bades nach. Ich hatte meine Stäbchen ausgesteckt und statt der Fortsetzung des Canals stiess ich auf einen noch mehr als 5' hoch noch verputzten und gemalten Rundbau von schöner solider Construktion. Ich wich nun nicht mehr von der Stelle, und so entdeckten wir auf der Aussenwand eines jetzt noch nicht ganz ermittelten Raums folgende Inschrift mit schwarzen Buchstaben auf rothem Grund ziemlich stark mitgenommen von Wetter und Wasser:

CÆS . M . V . TRAIANVS
DOMVS EREX . ET SECVNDINO
SECVRO PRÆF TREV . DON . DED .
T
?

Cäsar Trajan also war doch der edle Geber, welcher den Secundinus demnach mit diesem Gebiete beschenkte.

Die Nacht brach ein, ehe ich eine Pauszeichnung nehmen konnte, doch morgen in der Frühe schon wird abgeräumt und die Inschrift für immer gesichert. Das Bad war sehr gross und äusserst interessant angelegt. Ich fand gestern in einer Tiefe von 12 Fuss unter der Erdoberfläche ein noch gut stehendes Hypocaustum und Wasserleitung mit Zu- und Ablauf aus den Bassins, so dass wir die Interessantesten Aufschlüsse auch über die Exedren in den röm. Bädern zu Trier hier finden. Sobald es ziemlich offen ist, dann werde ich schreiben, damit Hr. v. Wilmowsky es ganz übersehen kann.

Der Herr Lichtenberger sandte mir gestern 28 Thlr., aber leider· reicht dieses Sümmchen nicht entfernt gegenüber dem Baue, den ich nicht in solchen Dimensionen vermuthete, wie er sich zeigt. 70' Länge liegen blos und über 80' Breite, dazwischen die verschiedenen Säle und Leitungen. Von dem Gelde, das für die Villa ausgesetzt ist, können wir leider nichts entbehren, wenn die Gesellschaft etwas mehr thun könnte, wäre dieses sehr erwünscht. Ich habe bereits beinahe 28 Thlr. ausgegeben und muss es auch wieder in Stand setzen lassen das Feld, was ich wohl gerne thue, jedoch sind meine Mittel nicht so stark, um es ganz zu bestreiten. 10 Thlr. bis 15 gäbe ich gerne dazu, aber es wäre sehr schade, wenn man auf halbem Wege stehen bliebe. Ich schrieb heute an Herrn Seyffarth, als wir eben auf den Rundbau stiessen und hat ihn sich wegen Mittel umzusehen. Zwei Stunden später fand ich die höchst interessante Inschrift.

Ich freue mich, dass Hr. v. Wilmowsky so glänzend mit seinem Urtheil, ohne etwas von diesem Funde noch zu ahnen, jetzt gerechtfertigt und bestätigt wird. Hübner hat sich so arrogant über seinen Plionius geäussert; ich schicke Ihnen die Kritik, ich hab das Blatt, wo es steht. Nun triumphirt die Wissenschaft, welche gründlich zu Werke geht, nach Erfahrung urtheilt, nicht nach der Laune. Es ist Mitternacht vorbei, ich muss schliessen. Sagen Sie dem Hrn. v. Wilmowsky meine herzlichen Grüsse und dass Alles so pünktlich besorgt wird, wie es irgend besorgt werden kann. Hr. Geh.-R. Buss wird auch recht froh sein, dass doch nicht vergeblich gegraben wurde.

In Erwartung einiger Zeilen von Ihnen grüsst Sie herzlich
Ihr aufrichtig ergebener
(gez.) H. Schaeffer.

Nennig, den 29. Sept. 1866.

3.

Hochverehrter Herr Baurath!

Ihr Geehrtes vom 3. erhielt ich, als das Meinige schon abgesandt war. Hierbei folgt mein Bericht, soweit es die Zeit zuläset [1]). Genaue Maasse können erst

1) Etwa 1000 Fuss von der römischen Villa entfernt, entspringt eine klare, ziemlich starke Quelle etwa 96' über dem Niveau des Mosaikfussbodens im Atrium. Bei einer Untersuchung dieser Quelle fand ich eine Münze von Kaiser Maximianus mit dem Zeichen der Münze von Trier, auch stellte sich heraus, dass die Quelle mit einigen auf dem Berge liegenden antiken Weiern zusammenhängt. Ich zog daraus den Schluss, dass die Bäder nicht weit davon entfernt sein könnten und fand auch wirklich am Fusse des Berges, südl. der Villa, 600 Fuss von deren Hauptmauer nach Süden eine grossartige Thermenanlage. Es fand sich zuerst ein Bassin mit Ziegelplatten-Boden, welches zum kalten Bad diente (siehe Plan die Exedra nördl.). Die Einlaufröhre mit noch einem Stück Bleirohr lag östlich in der Ecke, wo das kleine Canälchen angegeben ist. Vor diesem Bassin war ein Vorzimmer mit gewöhnlichem gelbem Verputz und rothen Rändern mit Linien. Das Bassingemach selbst war mit Linien und Arabesken auf weiss geschliffenem, feinem Verputz decorirt. Oestlich daran schlosst sich ein zweites Gemach an, kleiner als das erste, welches nicht heizbar war und einen Holzboden hatte, der auf einer Schichte Estrich lag. Südlich und östlich an dieses Vorbereitungszimmer reihen sich zwei grosse heizbare Säle an, wovon der südliche Saal zwei Exedren hatte, eine nordöstlich und eine an der südwestlichen Ecke, wie an der zerstörten Basilika Ulpia zu Rom, hier im Kleinen wiederholt. Oestlich an diese Räume, deren Fussboden auf $2^{1}/_{2}'$ hohen runden Pfeilerchen standen, schliessen sich wieder 2 mit Hypocausten versehene Säle an und südlich ein schönes Bassin zum warmen Bad.

Die Ein- und Abläufe sind sehr praktisch angelegt und der Ablauf durch einen zierlich aus Ziegel construirten Canal mit dem Hauptcanal verbunden. Neben diesem Canälchen läuft die $2^{1}/_{2}$ Fuss breite grosse, noch gut erhaltene Wasserleitung von Süden nach Norden unter den Bädern hin und ebenso von Osten nach Westen. Gegen den Berg hin in der Mitte des Bodens liegt nun 13' tief in der Erde wieder ein schönes grosses Hypocaustum, über diesem läuft wieder ein Canal der Wasserleitung, hier ist das Terrain noch nicht ganz blossgelegt, jedoch zeigt sich schon so viel, dass an dieser Stelle wahrscheinlich das warme Wasser bereitet wurde. Dieser Raum liegt 9 Fuss unter dem Niveau aller andern Böden. Bei dem Verfolgen der Wasserableitung nach Südwesten fand sich, dass die Leitung sich südlich wieder abzweigt und beim Ausstecken der Richtung, um die Leitung etwa 70 Fuss unterhalb des Hauptbaues wieder aufzusuchen, fanden wir einen Rundbau, dessen Aussenseite noch schön verputzt war; an dem Rande der Mauer auf der Ostseite konnte man beim Aufdecken noch deutlich die Spuren eines 7' breiten Bildes erkennen, welches auf Stucko gemalt war, während das übrige Mauerwerk mit gröberem, aus Ziegelstückchen und Kalk gefertigtem Mörtel bedeckt war. Unter diesem Bilde, dessen Rand noch sichtbar, befand sich eine noch sehr gut erhaltene Inschrift, welche hier beiliegt.

CÆS·M·V·TRAIANVS
DOMVM EREX·ET SE
CVNDINO SECVRO
PRÆF·TREV·DON·DED·

Die Buchstaben sind mit schwarzer incaustischer Farbe auf dem rothen Grunde angebracht je 13 in einer Reihe, nur in der obern und untern Reihe 2 Doppelbuchstaben, dadurch 54 Buchstaben. Die Schrift ist $4^{1}/_{4}$ Fuss vom Boden entfernt und dieser Saal, welcher 32 Fuss Durchmesser enthält, liegt wieder um 10 Fuss tiefer als die Säle in den Bädern, war jedoch auch mit Mauern wieder mit der Oberbauanlage verbunden. Inwendig war der Saal schön bemalt mit Figuren auf weissem und blauem Grunde. Im Friese am Boden war noch sehr deutlich ein Römer erkennbar, der den Pflug führt und ist die Zeichnung davon in Arbeit.

genommen werden, wenn mehr bloss liegt, diese hab ich heute früh genommen, so weit es ging.

Ich hab Spuren von noch mehr Schrift. Vielleicht, dass das Glück uns wieder lächelt und noch mehr gefunden wird. Der Plan, die Schrift auszuheben, kann, als ich schon begonnen habe mit einem, der gewiss zum Ziele führt; insofern in der Macht steht, es fertig zu bringen, dürfen Sie überzeugt sein dass ich es sorgfältig und gut zu Stande bringe, aber Bürgschaft dafür gibt es keine als die Vorsicht, an der ich es nicht mangeln lasse. Bitte mir bald Wassergias und Gummi und Zeichenpapier und geöltes Seidenpapier recht klar, nebst Bleistiften weich und hart zu übersenden.

Ihr ganz ergebener
Heinrich Schaeffer, Bildh.

Nennig, den 4. Okt. 1866.

4.

Hochverehrter Herr Baurath!

Ich theile Ihnen in Eile die Nachricht mit, dass wir auf der andern Seite eine zweite Inschrift fanden, dieselbe ist aber zerbrochen und war mit dem Schutt hinabgefallen. Nach sorgfältiger Durchsuchung bekam ich folgende Namen noch vollständig:

SECVNDIN

AVENTIN.....

RIB PRÆT.L·...

BALNE 7·......

Dieses habe ich gerettet und conservirt. Ueber dieser Schrift war ein Bild, welches einen sitzenden Mann darstellte mit einer Frau gegenüber nebst Schild und Kranz, was ich beim Aufdecken nachzeichnen konnte und in Farbe anlegen. Es wurde bald morsch und schwarz, so dass jetzt nur noch wenig zu sehen ist.

Eine grosse neue Chicane ist entstanden und nur durch Palzem angezettelt. Nämlich der Eigenthümer des Stücks ist ein Palzemer und gestattete Alles. Gestern nun brachte der eine Feldhüter selbst wieder Leute, die dann in die Gräben laufen und alles verstören; trotzdem ich ihn ersuchte, dieses nicht zu thun, war der Mensch grob und die ewige Rede: „Ihr habt nichts zu sagen!" Zudem kam gestern Nachmittag der Besitzer und war ausser sich, dass ich Verputzstücke aus dem Felde habe tragen lassen und hinderte absolut jede weitere Nachsuchung auch selbst, dass Wache dort bleibt. Ausserdem war ein Herr von Sierk hier, der dann dem Mann das Stück abkaufen will und verlangt dasselbe für 450 Thlr. Nach-

---

Es ist wahrscheinlich, dass wir noch mehr Inschriften finden, da sich bereits auf der Südseite dieses Saales Spuren einer durch das Wasser zerstörten Schrift zeigen, welche herabgefallen ist und einzelne sehr spärliche Zeichen zurückliess. Bei dem vorsichtigen Graben habe ich gegründete Hoffnung, noch mehr zu entdecken.

Die Bäder sind sehr solid construirt; in Lage und Arrangement prächtig, eines kaiserlichen Geschenkes würdig.

Was sehr interessant ist, ist die Construction der Fussböden in den Exedren, welche uns positiven Aufschluss über diejenigen in den Thermen von Trier geben. Wenn das Ganze aufgedeckt ist, kann ich ein getreueres Bild derselben entwerfen, sowie auch über die höchst merkwürdige Inschrift, die uns mit wenigen Worten über das Monument in Igel bei Trier aufklärt, ebenso über die Villa selbst.

Ich glaube nicht, dass je ein interessanterer Fund in der Gegend von Trier gemacht wurde, als diese Inschrift und wäre es äusserst wichtig, die Bäder hier sammt der Villa, mit der dieselben durch Gänge verbunden waren, näher kennen zu lernen.

Nennig, den 4. Okt. 1866.   Heinrich Schaeffer, Bildhauer.

dem ein anderer Bauer, der gar nichts dort zu thun hatte, förmlich insultirte und Gefahr lief, dass die Inschrift nach Frankreich wandert, so sah ich mich genöthigt, selbst gestern Abend den Herrn Landrath in Saarburg aufzusuchen und um Schutz anzusuchen. Herr Landrath war heute hier und hat dem Mann gesagt, dass er für jeden Schaden gut ist, und dass die Schrift abgenommen werden darf, was ich dann Montag thun will. Ich könnte unter diesen Verhältnissen kaum fortarbeiten und bin froh, nun endlich zu diesem Ziele gekommen zu sein, dass ein Gensdarm hingestellt wird, sonst ist an ein Zeichnen gar nicht zu denken.

Wie ich hörte von Herrn Landrath, zettelt der Bürgermeister jetzt eine neue Klage an gegen mich; er habe eine Schrift an den Oberprokurator gemacht und sage, ich kränke seine Ehre.

Der Mensch, scheint's, will mir absolut das Leben sauer machen! Ich denke die Königl. Regierung wird mich doch vor weitern Ausfällen des Mannes schützen.

Der runde Thurm ist auf der Nordostseite noch sehr schön bemalt und hatte wahrscheinlich einen Portikus. Es zeigen sich jetzt die Mauern davon.

Das Wasserglas ist angekommen.

Ich bitte, falls sie den Hrn. Oberprokurator sehen sollten, demselben gefälligst einige Worte über die Sache zu sagen, wie unverschämt mich der Mann behandelt; er ist hier dafür bekannt, dass er kein Mittel scheut, um zu schaden, wenn er dieses thun will.

Die Arbeiten gehen sonst gut fort, nächste Woche bekommen wir mehr Arbeiter, dann geht's besser.

Hochachtungsvollst grüsst

Ihr ergebener
Heinrich Schaeffer.

5.

Hochverehrter Herr Baurath!

Anbei beehre ich mich Ihnen die Liquidation vom 1. bis 14. Okt. zu gefäll. Genehmigung zu übersenden.

Die Arbeiten gehen gut voran und werden wir Mitte dieser Woche die Südseite der Villa noch vollständig abdecken und dann die Nordseite untersuchen können.

Bei den Bädern fand ich vorgestern Abend eine dritte Inschrift analog der ersten, welche uns Kunde gibt, dass der Trajan das Amphitheater erbauen liess und Sec. Securus das erste Kampfspiel dort abhielt in Gegenwart des Kaisers. Ich übersende Ihnen morgen Abend die Durchzeichnung nebst der zweiten Inschrift, die Sie, glaube ich, noch nicht haben. Hr. v. Wilmowsky kam zufällig, als wir gestern Morgen eben die Schrift abdeckten, um dieselbe zeichnen zu können.

Sobald alles soweit gediehen ist, um den Plan vervollständigen zu können, werde ich denselben beilegen.

Gestern hielt der Landrath Mersmann hier eine Untersuchung ab betreffend Angelegenheiten zwischen Hr. Wagner und den contribuirten Bauern, die sehr schlimm für den W. ausfällt, wie ich vernahm.

Die erste Inschrift habe ich glücklich und unverletzt von der Mauer abgelöst und im Mosaikhaus wieder angemauert. Die dritte Inschrift werde ich mit gleichem Verfahren wohl ebenso glücklich herausbringen.

Bitte mich gefälligst Ihrer werthen Familie zu empfehlen und grüsse Sie

Ihr ganz ergebener
H. Schaeffer, Bildh.

Nennig, den 14. Okt. 1866.

CÆS·TRAI·AMPHIT·FOND·
ET COND·ESTAS·MODE
STOS·SEC·PRÆF·C·A/G·I
N PRÆS·C·TRAI·PRIM·VEN
AT·DED·

6.

Nennig, den 24. Oktober 1866.

Hochverehrter Herr Baurath!

Indem ich Ihnen betreff's der Arbeiten dahier das beste Voranschreiten melden kann, bitte ich zugleich ergebenst um eine Copie des ganzen Cataster-Auszugs, wie Sie, wenn ich mich nicht irre, einen in Trier vorliegen hatten. Es wäre mir eine recht baldige Zusendung deshalb wünschenswerth, weil ich die Umfassungsmauer des (Villen) Gartens auch jetzt ermittelt und festgestellt habe; ebenso einen antiken Teich in der Wiese ungefähr in der Richtung von Osten nach Westen im Durchschnitt des Gebäudes, wozu es nöthig ist, dieselben bald und bestimmt auf der Karte einzutragen, da ich die Löcher gleich wieder schliessen lassen muss.

Ich habe ferner um eine sehr billige Entschädigung die Erlaubniss erlangt, die nördlichen Umrisse der Villa gegen die Häuser des Dorfs hin zu suchen. Seit Montag sind die Leute, deren wir jetzt genug bekommen können, damit beschäftigt, die antiken Zeugen aus der Erde zu rufen. Es ist bereits die Ecke des Hauptflügels nach Norden aufgedeckt und ebenso die Colonade dort wiedergefunden. Die Gütigkeit des Hrn. Pastors hat es gestattet, mit möglichster Schonung der neueren Gräber auch die Mauern über oder besser gesagt, unter dem Kirchhofe hindurch zu verfolgen.

So werden wir denn doch den ganzen Grundriss des schönen Baues vollständig bekommen. Im nördl. Flügel haben wir bereits schöne Säulenfragmente noch auf ihren Piedestalen stehend gefunden und zwei Hypocausten.

In den Bädern da wird es mit jedem Tage interessanter und ich glaube kaum, dass ausser den von Pompeji noch so gut erhaltene vorhanden sind. Die Exedra südlich, die wo das Canälchen ist, hat einen prächtigen Vorsaal und heute fanden sich unten die Heiz- und noch andere Gewölbe, deren Zweck ich noch nicht genau angeben kann.

In dem langen Gang habe ich einen zweiten Knaben gefunden so schön, so ideal gezeichnet, dass ich im Zweifel bin, ob der Erste wohl besser ist als der Zweite. Ich konnte noch keine Zeichnung fertigen zum Absenden, da ich zu wenig Zeit habe und nur die originale Durchzeichnung abnehmen konnte, ehe das Kunstwerk zerfällt. Auch habe ich aus dem Schutte die Trümmer eines Landschaftsbildes soweit zusammengelesen, dass es durchzuzeichnen ist, es stellt ein Theater oder ein Amphitheater vor, — vielleicht haben wir hier das Portrait desjenigen von Trier. — Ich versuche es, ob vielleicht noch alle Stücke beizubringen sind und nehme es gut zu Papier auf, aber ich bitte Sie um die Gütigkeit, vorderhand nichts zu sagen, auch Hrn. v. Wilmowsky aus keinem meiner Briefe an Sie vorher besondere Mittheilung zu machen, bis Er auch eine Nachricht hat. — — —

Wir haben in den Bädern so ausgezeichnete Verputzstückchen rother und blauer Farbe; glauben Sie es nicht, dass es Hr. Oberbaurath Salzenberg Vergnügen macht, dann könnte man ihm ja in Ihrem Namen Proben davon senden?

Wenn möglich dann bitte ich um baldige Uebersendung des Catasterauszugs. Das Nivellement ist genau aufgenommen von der Villa und Bäder, so wie der Quellen; als festen Punkt habe ich die Wasserlinie des grossen Mosaiks gewählt. Ihr Instrument ist recht gut und leichter zu behandeln als die Canalwage. Die Maasse sind jetzt alle genau, sobald ich nun Zeit gewinne, dann mache ich die Durchschnitte.

Die Platten sind gekommen und werden eben auf die Gänge links und rechts versetzt. Ich habe mir von Hartnack noch Zeichenpapier kommen lassen und gebe Ihnen hierdurch davon Kenntniss. Bei Sendung der Zeichnung bitte ich mir gefälligst so ein flaches 2' bis 2½' Fuss langes hölzernes Richtscheit, nicht Reissschiene, beizulegen.

Hochachtungsvoll

Ihr ergebenster

Heinrich Schaeffer.

7.

Hochverehrter Herr Baurath!

Die Liquidation habe ich erhalten und schloss aus der Uebersendung, dass Sie wahrscheinlich aufs Neue verreisen wollten.

Ich kann Ihnen eine neue frohe Botschaft geben, die unsere ganze Ausgrabung glänzend belohnt. Die Dedications-Tafel ist gestern gefunden worden und was am überraschendsten ist, dass sie mit der erstgefundenen Inschrift nicht nur vollständig analog ist, sondern ein so unzweifelhaftes Document zur Gründung der Villa liefert, wie es nur irgend zu wünschen ist!

Die Tafel ist ein grosses Fragment, 2' breit, 2' lang und war etwa 4 Fuss lang, als sie noch ganz war. Auf diese 6" dicke Platte, welche auf der linken Kante noch ein Stück vom Rahmen-Gesims zeigt, sind folgende Worte, in sehr schönen, grossen und sehr tief eingeschnittenen Buchstaben, welche die beste Kunstzeit beurkunden, eingegraben:

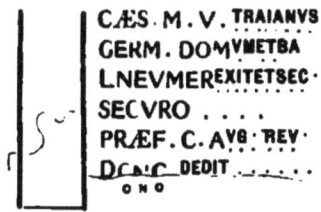

Es ist hier schlagend bewiesen, dass Trajan als Cäsar mit dem einfachen Titel und Beinamen Germanicus hier war und nun lässt sich die Gründung fast aufs Jahr bestimmen.

Die Tafel lag auf Privateigenthum, welches an das Staatseigenthum nördl. anstösst. Ich habe gegen Entschädigung von 2 Thlr. die Hälfte des Gartens zur Untersuchung übernommen und dem Versprechen einer einmaligen Düngung. Die Tafel war verschleppt und war ursprünglich in einer vor diesem Raume angebrachten Säulenhalle gewesen, wo ein Bruchstücke desselben Steines vorfanden.

Die Ansicht, und so als fest erwiesene Aufstellungen (?) Hrn. v. Wilmowsky's, dass die Villa in der ursprünglichen Form bis auf das 8. Jahrhundert gestanden habe und gesehen werden sei, erweist sich als irrig und falsch. Ich kann nicht begreifen, dass Er die Wahrnehmung nicht machte und so fest diese Hypothesen aufschrieb. Die Säulenhalle ist durch Brand untergegangen und die Schäfte. Piedestale, sind in das Fundament der zweiten Periode eingemauert und darauf sitzt römischer, schön römischer Verputz und war später auch in einzelnen Zimmern Marmor angebracht, dieses ist unumstösslich festgestellt.

Die Villa ging wahrscheinlich unter Constantin d. Gr. mit dem Lager zu Dalheim unter. 2 schöne Hypocausten sind auch dort gefunden und verschiedene Antieaglien.

Der Canal ums Haus herum ist fertig, da wir die Steine gerade da haben, so liess ich auch gleich das Pflaster, wie Sie es angebracht wünschten, ausführen. Ich denke, da die Kosten verhältnissmässig gering sind, wird es Ihnen recht sein.

In den Bädern ist nun das Ende gefunden und lasse ich aber das tiefe Hypocaust aufräumen, dort zeigt sich jetzt die Feuerung und die Zugänge dazu, so wie die Wasserleitung. Auch in der Villa ist jetzt die Wasserleitung gefunden; noch prachtvoll erhalten.

Ich ersuche Sie noch, mir, wenn es Ihre Zeit zulässt, das Plänchen, wie ich es wünschte, nebst einem flachen Lineal gütigst übersenden zu wollen und grüsse mit Hochachtung

Ihr ergebenster

Heinrich Schaeffer.

Nennig, den 3. Novemb. 1866.

8.

Hochverehrter Herr Baurath!

Herr Saillet überbringt Ihnen die Nachricht, dass ein weiteres Stück der ersten Inschrift in Stein gefunden worden ist. Reuter rief mich, da ich auf der anderen Seite beschäftigt war hinzu, worauf ich Ihrem Wunsch gemäss Herrn Pastor Cordel dazu zog und sogleich den Thatbestand schriftlich aufnahm und hier übersende.

Die Buchstaben lauten:

Profil.

Facsimile folgt mit der Post heute Abend.

Ich bin, wie wahrscheinlich jeder Betheiligte, hocherfreut über den Fund nach solch unverdientem Sturm der Anfechtung von den Herren Gelehrten und Nenniger Bauern. Entschuldigen Sie meine Eile und seien Sie überzeugt, dass meinerseits Alles geschieht, um die Sache unumstösslich festzustellen.

Ihr ergebenster

Heinrich Schaeffer, Bildh.

Nennig, den 1. Dez. 1866.

9.

Ew. Hochwohlgeboren

beehre ich mich anbei das Facsimile der neu aufgefundenen Buchstaben zu übersenden.

Das Fragment ist sehr verbrannt und nur der trockenen Schuttschichte ist es zu verdanken, dass sich dasselbe erhalten hat bis zu unseren Tagen. Als ich dasselbe reinigte, zeigte sich bald darauf ein Sprung, so dass anzunehmen ist, dass, wenn keine Schichte überzogen wird, welche die Luft total abschliesst, der Stein am Ende zerfällt! Ich befrug mich zur besseren Fürsorge bei Technikern in der Nähe und es ist mir bei angebranntem Muschelkalk nur der einzige Rath ertheilt worden, das Fragment in Schellackfirniss oder Oel einzutauchen. Ich zog nun vor, es einstweilen, weil es zerbrechlich ist, in einen fetten Lappen, von Leinöl getränkt, sorgfältig einzuwickeln, bis es sich zeigt, ob es sich hält oder nicht. Ohne Fürsorge kann man es nicht lassen. Die dabei gefundenen, fast ganz verbrannten Vorputzstücke sind bereits in der Auflösung begriffen.

Im Tumulus geht es so gut fort, dass wir bald auf den Grund kommen werden. Der Minengang ist jetzt 16', ohne etwas zu finden. Der grosse Graben aber bis auf 10' Tiefe abgedeckt; dort fand sich etwas Blei. Die Mauerecke ist offen, aber noch nicht zu enträthseln, was es war.

Bei dem Aufdecken des Hypocaustes fiel plötzlich ein Stück Erde sammt Mauerrest herunter und hat den Reuter und Elles etwas gequetscht, ohne dieselben gefährlich zu verletzen.

Hochachtungsvoll

Schaeffer, Bildh.

Nennig, den 1. Dez. 1866.